MATTHIAS RÖCKE

DER GROSSE DDR EXPERTENTEST

Impressum

HEEL Verlag GmbH
Gut Pottscheidt
53639 Königswinter
Telefon 0 22 23 / 92 30-0
Telefax 0 22 23 / 92 30 26
E-Mail: info@heel-verlag.de
Internet: www.heel-verlag.de

Verantwortlich für den Inhalt: Matthias Röcke

Lektorat: Jürgen Schlegelmilch

Lithographie, Satz und Gestaltung: F5 Mediengestaltung, Bonn, Ralf Kolmsee

Printed in Latvia

ISBN: 978-3-96664-516-4

MATTHIAS RÖCKE

DER GROSSE DDR EXPERTENTEST

HEEL

4
icherungen für
Automatikschrank
Steuersicherung

Vorwort

Das Thema DDR, die Geschichte und Entwicklung dieses Staates, sein Untergang in der friedlichen Revolution und die daraus hervorgegangene deutsche Einheit beschäftigen immer noch die Menschen in Deutschland. Dabei mag es heute durchaus andere Blickwinkel geben als zur Zeit der politischen Wende in der DDR, Gesprächsstoff liefert das Thema auch noch mehr als 30 Jahre danach. Und weil sich so viele Menschen damit befassen und natürlich auch, weil in allen Bereichen intensiv geforscht wird, gibt es auch ein großes Wissen dazu. Und wer sind nun die wahren DDR-Experten? Wer hat noch die richtigen Antworten parat zu Dingen, die mehr als 30 oder 50 Jahre zurückliegen?

Der Expertentest reizt und fordert das Wissen aller an der Geschichte Interessierten. Insgesamt 100 unterschiedlich schwierige Fragen widmen sich diesem weiten Feld. Das alltägliche Leben, der Bereich Auto und Verkehr, die Unterhaltung und der Sport und natürlich Politik und Gesellschaft liefern viele knifflige Sachverhalte. Hier kann jeder sein Wissen unter Beweis stellen, ausführliche Antworten am Ende des Buches liefern wertvolle Hintergrundinformationen und spannende Details zu ernsten und auch heiteren Inhalten.

Die Redaktion hat versucht, eine möglichst gelungene Mischung an Fragen zusammenzustellen. Sollten Sie weitere Anregungen haben zu Insiderwissen, das jeder kennen sollte, der sich Experte nennt, dann schreiben Sie einfach an info@heel-verlag.de – wir sind stets auf der Suche nach Ergänzungen und Bereicherungen, die neugierig machen auf spannende und teilweise überraschende Antworten. Jetzt aber wünschen wir erst einmal allen, die dem Thema DDR nahe stehen, viel Spaß bei dieser Expertentestausgabe.

01 Was war „Präsent 20"?

- **A** Planerfüllungszusagen zum 20. Jahrestag der DDR?
- **B** Zigarettenmarke
- **C** Hochwertiger Geschenkkorb mit Westware
- **D** Textilstoff für Bekleidungsmode

Aus welchem Land stammte das Speisenangebot des Restaurants „Waffenschmied" im thüringischen Suhl?

02

- **A** USA
- **B** Japan
- **C** Bayern
- **D** Sowjet-Union

03 Was war gemeint, wenn sich der DDR-Bürger um einen „Stempel" sorgte?

- **A** Genehmigung im Reisepass für eine Westreise
- **B** Formelle Einweisung ins Zuchthaus
- **C** Eintragung eines Verkehrsvergehens in den Führerschein
- **D** Bestätigung des Urlaubsplatzes im FDGB-Ferienheim

Was verbirgt sich hinter der Bezeichnung B 22 W?

04

- **A** Kleinbungalow für die Datsche
- **B** Sondermodell des Transporters Barkas
- **C** Lokomotivbaureihe der Deutschen Reichsbahn
- **D** Brückenlegegerät der Nationalen Volksarmee

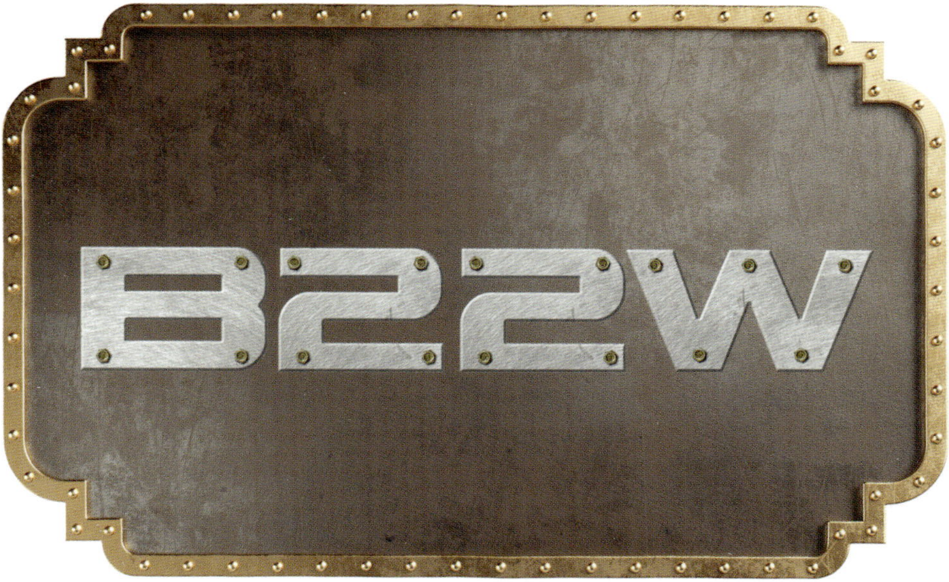

05 Welchen Platz nahm der Fernsehturm in Berlin bei seiner Einweihung in der Weltrangliste der höchsten Gebäude ein?

- **A** Platz eins
- **B** Platz zwei
- **C** Platz 154
- **D** Fernsehtürme zählen nicht mit, weil sie keine Wohngebäude sind

Wie hieß die beliebte Frauenzeitschrift in der DDR?

06

- **A** Sibylle
- **B** Constanze
- **C** Brigitte
- **D** Rosa

07 Welche Einrichtung im Palast der Republik in Berlin war täglich geöffnet?

- **A** Kleiner Saal
- **B** Bowlingbahn
- **C** Bahnhof der U-Bahn
- **D** Postamt

Wie nannte der Volksmund das Hartgeld der DDR-Währung?

08

A Spielgeld

B Zonenpfennig

C Alu-Chip

D Ersatzmark

09 Was nannte der Volksmund „Lampenladen"?

- **A** Fachgeschäfte für Elektrotechnik
- **B** Aufwendig ausgestatteter Sitz des Zentralkomitees der SED
- **C** Abgeschirmte Wohnsiedlung des Politbüros in Wandlitz
- **D** Der Palast der Republik in Berlin

Wie viele Grenzübergangsstellen unterhielt die DDR im Jahre 1985?

10

- **A** 25
- **B** 66
- **C** 92
- **D** 38

11 Was kostete in der DDR der legendäre Mixer RG 28 S?

- **A** ab 98 Mark
- **B** ab 200 Mark
- **C** ab 50 Mark
- **D** unter 50 Mark

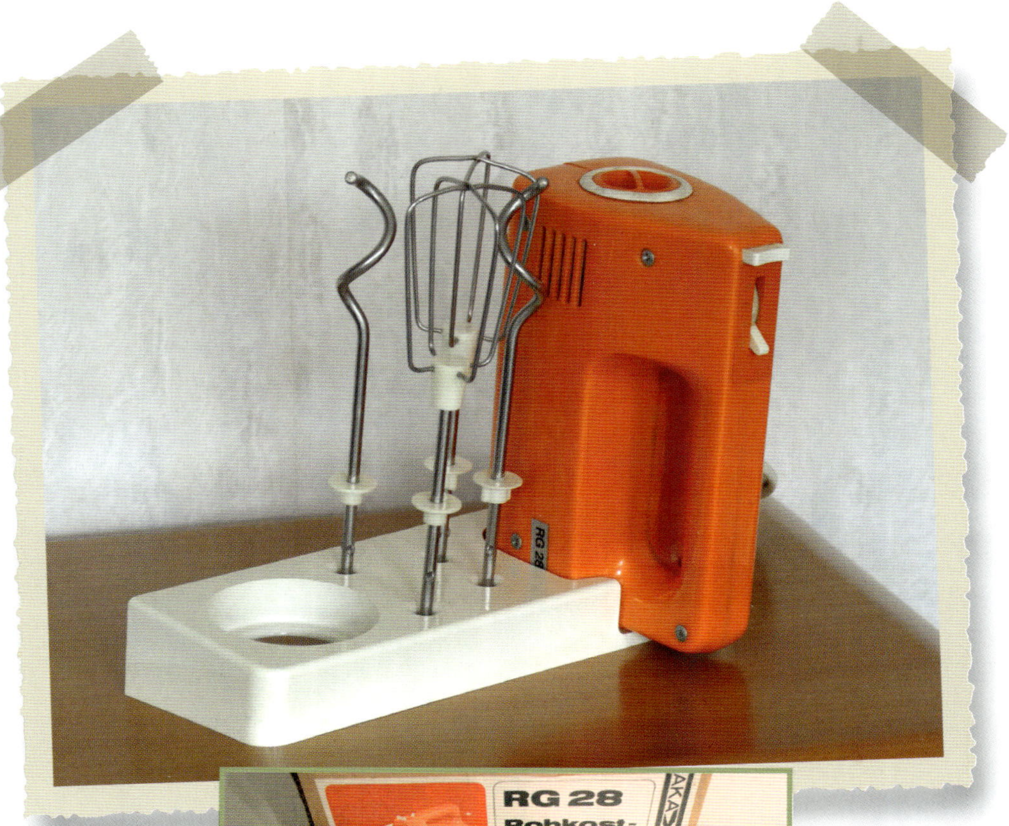

Gab es die berühmte Reiseschreibmaschine „Erika“ auch mit Elektronik?

12

A Ab 1981, aber nur für Behörden und Betriebe

B Ab 1987

C Gab es nicht

D Solche Maschinen gingen nur in den Westen

13 Welche Auswirkungen hatte „Erichs Krönung“?

- **A** Besuch von Erich Honecker in der BRD 1987
- **B** Entmachtung von Walter Ulbricht durch Erich Honecker 1971
- **C** Vietnam wurde zum Kaffeeproduzenten
- **D** Wahl Erich Honeckers zum Vorsitzenden des Staatsrates 1976

14 Welcher der hier genannten Gedenk- oder Aktionstage passt nicht zur DDR?

- **A** Europatag
- **B** Tag der Vereinten Nationen
- **C** Tag des freien Buches
- **D** Weltgesundheitstag

Welches der aufgeführten Angebote gab es nicht im Katalog 1989 des Geschenkdienstes Genex?

15

- **A** Fertighaus mit 150 Quadratmeter Wohnfläche
- **B** BMW 328i
- **C** Original Meißener Porzellan
- **D** Pauschalreise an die jugoslawische Adria

16 Wie hoch war zuletzt der Mindestumtausch, den Besucher aus dem Westen pro Tag ihres DDR-Aufenthaltes tätigen mussten?

- **A** 100 DM
- **B** 25 DM
- **C** 5 DM
- **D** 10 US-Dollar

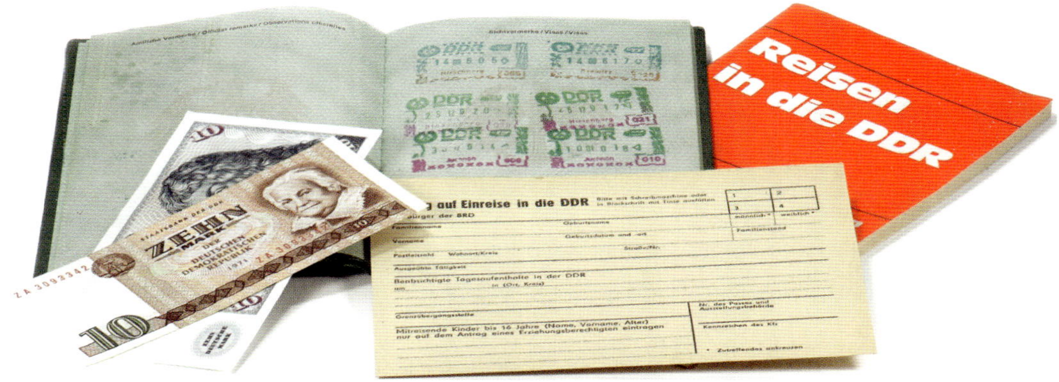

17 Welche der vier Bezeichnungen für die Währung in der DDR trifft nicht zu?

- **A** DM
- **B** MDN
- **C** Reichsmark der DDR
- **D** Mark der DDR

Was war die Komplexannahme?

A Annahme von Reparaturen an Haushaltsgeräten und Schuhen sowie anderer Dienstleistungen

B Verabschiedung des Fünfjahresplans in einem Kombinat

C Beratungsstelle für psychisch Kranke

D Sammlung von Anträgen aus der Bevölkerung zum Parteitag der SED

19 Wann wurde in der DDR der Bezug von Lebensmitteln auf Karten abgeschafft?

- **A** 1.1.1950
- **B** 13.3.1953
- **C** 28.5.1958
- **D** 1.9.1961

Für was stand der umgangssprachliche Begriff „Gebücktwarenladen"?

20

- **A** Fachgeschäft für Orthopädie
- **B** Exquisit-Laden
- **C** Läden, in denen es bestimmte Waren nur gegen Beziehung gab
- **D** Intershop

21 Wie konnte man in der DDR am schnellsten reich werden?

- **A** Arbeiten gegen Westgeld
- **B** Spekulationen an der staatlichen Börse der DDR
- **C** Karriere in der Leitung eines Kombinats
- **D** Teilnahme am Lottospiel

Was kostete der erste Videorecorder?

22

- **A** 7350 Mark
- **B** 1000 DM
- **C** 11.000 Mark
- **D** Videorecorder waren verboten

23 Welches Elektronikgerät war im Privatbesitz verboten?

- **A** Super-8-Kamera
- **B** Kopierer
- **C** Tonbandgerät
- **D** PC

24 Was steckt hinter der Abkürzung SMH?

- **A** Statistisch methodische Harmonielehre
- **B** Schnelle medizinische Hilfe
- **C** Sozialistische musikalische Hochbegabtenförderung
- **D** Stab militärischer Historiker

Was ist Gera 1?

25

- **A** Schrankwand
- **B** Atomkraftwerk
- **C** Neubaugebiet in der Bezirkshauptstadt Gera
- **D** Autobahnanschlussstelle

Was produzierte der VEB Musima?

26

- **A** Musikinstrumente
- **B** Landwirtschaftliche Produkte aus der Obstverarbeitung
- **C** Munitions- und Sicherheitstechnik
- **D** Muskelaufbauprodukte

27 Was verstand man unter „Geflügelte Jahresendfiguren“?

- **A** umgangssprachlich für Jahresendprämie für vorbildliche sozialistische Arbeit
- **B** Engel
- **C** Aufwendiges Gericht mit aus Polen importierten Hähnchen
- **D** Hochwertige Produkte aus der Holzkunst aus dem Erzgebirge

Was war Leningrad T2?

28

- **A** Panzer aus der Sowjet-Union
- **B** Kriegsschiff aus der russischen Revolution
- **C** Fernsehgerät
- **D** Zug der Leningrader U-Bahn

29 Warum war FKK in der DDR so beliebt?

A Bademode war schlecht zu bekommen

B Abhörgeräte der Stasi ließen sich nicht verstecken

C FKK war eine Nische der Freiheit in der durchorganisierten Freizeit

D Aussehen und Qualität der Bademode ließ zu wünschen übrig

Was verstand man unter „Neuererbewegung“?

30

- **A** Ständige Kommission der SED zur Weiterentwicklung des Sozialismus
- **B** Anregung für die Werktätigen, betriebliche Abläufe zu verbessern
- **C** Vorläuferorganisation der Freien Deutschen Jugend (FDJ)
- **D** Dachverband der wissenschaftlichen Forschung

Was war eine „Eingabe“?

31

- **A** Texterfassung über Lochbänder
- **B** Beschwerdebrief an Partei, Behörden und Betriebe
- **C** Zuteilung von Medikamenten an die Patienten im Krankenhaus
- **D** Einzahlung auf ein Sparkonto

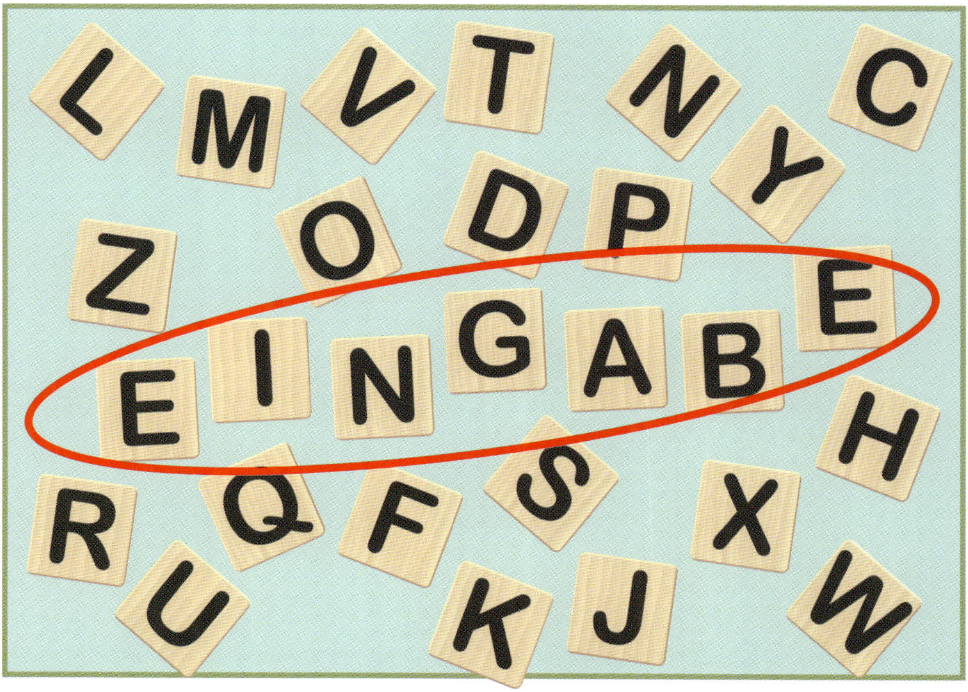

32 Worauf freuten sich Kinder am 1. Juni?

- **A** Schuljahresabschluss und Beginn der Sommerferien
- **B** Aufnahmetag in die Organisation der Jungen Pioniere
- **C** Ein Tag, an dem Kinder und Erwachsene die Rollen tauschten
- **D** Ein Tag als Appell zur Stärkung der Rechte von Kindern

Was war kennzeichnend für das Babyjahr?

- **A** Pro Kind wurde ein Jahr auf die spätere Rente der Mutter angerechnet
- **B** Arbeitsfreies Jahr auch für Väter und für Großeltern
- **C** Arbeitsfreies Jahr ab dem dritten Kind
- **D** Es bestand nur aus sechs Monaten

34 Was steckt hinter der Abkürzung „PKZ“?

A Politikwissenschaftliches kommunistisches Zentrum

B Personalkostenzuschuss

C Polizeikommissariat Zentralstelle

D Personenkennziffer

Was steckt hinter dem Kürzel „EVP“?

A Endverbraucherpreis

B Exekutiv-Versammlung der Parteiorganisation

C Empfohlener Verbraucherpreis

D Eingetragener Verbraucherpreis

36 Welche Einrichtung wurde in der DDR am 8. Februar gedacht?

- **A** Tag der Nationalen Volksarmee
- **B** Tag der Gründung der Kommunistischen Partei Deutschlands
- **C** Tag der Zivilverteidigung
- **D** Tag des Ministeriums für Staatssicherheit

Was war „Griletta"?

A Motorroller aus Ludwigsfelde

B Hochwertige Reiseschreib-maschine

C Elektrogrill

D Gegrilltes Schweinefleisch im Brötchen

38 Wie nannte die offizielle DDR in den ersten zwei Jahrzehnten Jeanshosen?

- **A** Arbeiterhosen
- **B** Nietenhosen
- **C** Westernhosen
- **D** Röhrenjeans

Wie viele Kilometer umfassten die Grenzanlagen der DDR gegenüber westlichen Gebieten?

39

A 871 km

B 1378 km

C 1539 km

D 2020 km

40 Welche war eine von der DDR offiziell eingeführte Zweitwährung zum Erwerb von Westwaren?

- **A** Deutsche Mark
- **B** US-Dollar
- **C** Genex-Gutscheine
- **D** Forumschecks

Was wurde jährlich am 8. März in der DDR gefeiert?

41

A Internationaler Frauentag

B Tag der Befreiung

C Staatsgründung der DDR

D Tag der Nationalen Volksarmee

01 Wie viele Exemplare aus der Jahresproduktion 1973 des Wartburg 353 wurden an die Bevölkerung der DDR ausgeliefert?

A 48.486

B 32.794

C 15.327

D 8.955

DDR

Welches nicht umgesetzte technische Detail am Motor des Wartburg 353 steht für mangelnde Flexibilität der DDR-Planwirtschaft?

02

- **A** Katalysator
- **B** Mehrventilzylinder
- **C** Mischfunktion Benzin/Öl
- **D** Einspritzanlage

03 Was kostete der Wartburg 1.3 mit Viertaktmotor bei seiner Einführung 1988?

A 22.800 Mark

B 32.000 Mark

C 15.000 DM

D 45.000 Mark

Tradition und Fortschritt

Das Automobilwerk Eisenach gehört zu den traditionsreichsten Produktionsstätten von Automobilen überhaupt. 1896 entstanden die ersten WARTBURG-Motorwagen und bereits seit 1953 produziert der VEB Automobilwerk Eisenach in Großserien Personenkraftwagen mit Frontantrieb. Unterhalb der Wartburg begründete man damals maßgeblich diese heute weltweit im PKW-Bau vorherrschende Antriebstechnik mit.

Schon immer boten die allseitig bewährten WARTBURG-Automobile einen weit über dem Durchschnitt der Hubraumklasse liegenden hohen Gebrauchswert und eine ausgezeichnete Gesamtwirtschaftlichkeit.

Mit dem IFA-WARTBURG 1.3 stellt das Automobilwerk Eisenach ein Fahrzeug vor, das – die guten Traditionen fortsetzend – ein modernes, nach dem Viertaktprinzip arbeitendes Triebwerk erhielt.

Mit diesem leistungsstarken Motor wird gleichzeitig den verstärkten internationalen Bemühungen zur weiteren Reduzierung der Umweltbelastung Rechnung getragen, da er die für die Abgasemission in der ECE-Regulierung festgelegten Werte erfüllt. Der Einbau des Motors – vorn querliegend – sichert die Beibehaltung der Außenabmessungen und die bekannt gute Manövrierfähigkeit.

Mit dieser Einbauvariante gehen der Einsatz eines neu entwickelten Getriebes, die Verbreiterung der Spurweiten und umfangreiche Veränderungen am Fahrwerk im gesamten vorderen Bereich einher. Karosseriebasis bleibt die stabile Fahrgastzelle mit großem Raumangebot für Insassen und Gepäck in Stufenheckbauweise. Die Beibehaltung der bewährten Rahmenkonstruktion garantiert auch weiterhin die bekannt dauerhafte Stabilität der WARTBURG-Karosserie, ausgeprägt reparaturfreundlich durch leichte Austauschbarkeit exponierter Blechteile.

Die erforderlichen Veränderungen im Karosserie-Frontbereich wurden durch konstruktive Maßnahmen am Fahrzeugheck ergänzt und führen unter Berücksichtigung der Entwicklungstendenzen im internationalen Automobilbau in Verbindung mit schmutzabweisenden, breiten Kotflügelwülsten und breiten Stoßfängern zu einer deutlichen Veränderung des äußeren Erscheinungsbildes des Gesamtfahrzeuges.

VIERTAKT PREMIERE

Welche Automarke aus der DDR hat die politische Wende überlebt und existiert noch heute?

04

- **A** Barkas als Viertakter
- **B** Lkw IFA L 60
- **C** Trabant als Viertakter
- **D** Multicar

05 Wie viele Autos der Marke Trabant (P 50/P 60/600 sowie als 601 und 1.1) wurden in den 33 Jahren (1958 – 1991) produziert?

- **A** 1.501.356
- **B** 2.844.093
- **C** 3.096.089
- **D** 7.597.324

Was verstand man in der DDR unter Geisterbahnhöfen?

06

- **A** Bahnhöfe ohne Zugverkehr nach Mitternacht
- **B** Bahnhöfe nach Streckenstilllegungen durch die Deutsche Reichsbahn
- **C** Bahnhöfe nur für Fahrgäste aus dem Westen
- **D** Für Fahrgäste gesperrte Bahnhöfe der U-Bahn in Berlin

07 Was war das Besondere an der Pioniereisenbahn Wuhlheide?

- **A** Sie fuhr nur am Tag des Eisenbahners (zweiter Sonntag im Juni)
- **B** Sie hatte einen Hauptbahnhof
- **C** Es gab sie nur im Maßstab 1:87 bei der Modellbahnausstellung am Alexanderplatz
- **D** Sie hatte einen speziellen Bahnsteig für Westbesucher

Warum wechselte das Automobilwerk Eisenach nach 1950 die Farbe von Blau auf Rot im Emblem?

A Sozialistisches Rot war ein Wunsch der SED

B Rot als Signalfarbe erhöhte den Aufmerksamkeitswert des Emblems

C Blaue Farbe für die Herstellung war schwer zu bekommen

D BMW in München erhob rechtliche Ansprüche

09 Warum hieß die Staatsbahn der DDR bis zum Schluss „Deutsche Reichsbahn"?

A Eine durchgängige Umbenennung war zu teuer

B Der Name war den Fahrgästen zu vertraut, um abgeschafft zu werden

C Einer „Staatsbahn der DDR" hätten grenzüberschreitende Züge in den Westen untersagt werden können

D Mit dem staatlichen Betrieb „Deutsche Reichsbahn" waren Nutzungsrechte der Transitstrecken nach Westen und der Gleise in West-Berlin verbunden, die man nicht aufgeben wollte

Welche Alternative hatten Rollstuhlfahrer und andere stark Gehbehinderte in der DDR neben dem dreirädrigen Krankenfahrstuhl Duo?

10

- **A** Umbau des eigenen Wartburg oder Trabant auf Handgas und Handbremse
- **B** Es gab keine Alternative
- **C** Bezug von umgerüsteten Pkw aus dem Westen
- **D** Kauf einer Spezialausführung des Trabant

Welcher dieser vier Vogelnamen passt nicht zur Modellhistorie des VEB Fahrzeug- und Jagdwaffenwerks Simson?

11

- **A** Adler
- **B** Spatz
- **C** Habicht
- **D** Sperber

12 Was ist ein Camptourist?

- **A** Individuell reisender Tourist
- **B** Zeltanhänger
- **C** Zentrale Campingplatzvermittlung
- **D** Spezialausführung der Kombiversion des Wartburg 353

13 Wie viele Kilometer umfasste die längste zusammenhängende Straßenverbindung in der DDR?

- **A** 1015 km
- **B** 520 km
- **C** 750 km
- **D** 450 km

14

Welche Fluggesellschaft in der DDR wurde 1955 gegründet?

- **A** Interflug
- **B** Aeroflot Germania
- **C** Deutsche Lufthansa
- **D** Zu diesem Zeitpunkt gab es keine

15

Welche der unten aufgeführten Reisezeiten auf dieser Strecke Berlin – Dresden ist der Bestwert aus der Epoche der Deutschen Reichsbahn der DDR?

- **A** 2 Stunden, 25 Minuten
- **B** 2 Stunden, 18 Minuten
- **C** 1 Stunde, 54 Minuten
- **D** 1 Stunde, 47 Minuten

16

Welches der hier genannten Ziele im westlichen Ausland hat die Deutsche Reichsbahn über eine aus der DDR zugängliche Direktverbindung nicht angeboten?

- **A** Paris
- **B** Wien
- **C** Kopenhagen
- **D** Malmö

17 Bis wann gab es Binnenflugverkehrslinien in der DDR?

A 1981

B 1975

C 1980

D Es gab keine

Wie hoch war der Kilometerpreis für Reisende der Deutschen Reichsbahn?

18

A 5 Pfennige

B 8 Pfennige

C 12 Pfennige

D 25 Pfennige

01 Was war der „Bitterfelder Weg“?

A Leitlinie für die sozialistische Kulturpolitik

B Planverfahren zur Modernisierung der Chemieindustrie

C Projekt der SED für unmittelbare Beteiligung der Chemiearbeiter am Betriebsergebnis des VEB Chemiekombinat Bitterfeld

D Einbindung der Kirchen in die soziale Betreuung behinderter Kinder

Welche Rolle spielten in der Unterhaltungsmusik Titel aus dem Westen?

02

- **A** Keine, sie waren verboten
- **B** Sie wurden uneingeschränkt gespielt
- **C** Es durften nur zehn Prozent aller Titel aus dem Westen stammen
- **D** Es waren 40 Prozent Westtitel erlaubt

03 Was bezeichnet „Eine Überstunde gute Laune“?

- **A** Nachmittagssendung des DDR-Fernsehens
- **B** Unterhaltungsangebot der Gewerkschaft in den Betrieben
- **C** Langspielplatte mit Sketchen von Rolf Herricht und Hans-Joachim Preil
- **D** „Happy Hour“ in FDGB-Ferienhotels mit reduzierten Getränkepreisen

Wie viele Ausgaben der beliebten Fernsehshow „Ein Kessel Buntes“ unter der Regie des DDR-Fernsehens hat es gegeben?

04

- **A** 118
- **B** 105
- **C** 250
- **D** 100

05 Wie versuchte die SED zu verhindern, Westfernsehen in Farbe zu empfangen?

- **A** Verbot von westlichen TV-Geräten
- **B** Technische Unvereinbarkeit der Systeme Secam und PAL
- **C** Es gab keine Farb-TV-Geräte
- **D** Westfernsehen in Farbe war immer erlaubt

Wie endete das erste offizielle Fußballländerspiel zwischen der DDR und der BRD?

06

- **A** 3:2
- **B** 1:3
- **C** 1:0
- **D** 0:0 n. Verl.

07 Wie viele Goldmedaillen errang die DDR bei olympischen Spielen?

A 208

B 99

C 256

D 153

Wie hieß die erste Folge der Krimireihe „Polizeiruf 110" des Deutschen Fernsehfunks der DDR?

08

- **A** Thanners neuer Chef
- **B** Taxi nach Leipzig
- **C** Der Fall Lisa Murnau
- **D** Nacht-Taxi

09 Wie heißt die Heimstatt des Karl May Museums in Radebeul?

A Villa Bärenfell

B Villa Shatterhand

C Haus der Silberbüchse

D Haus der Indianer und des Orients

Mit welcher Figur aus dem Wilden Westen wurde der Schauspieler Gojko Mitić in der DDR bekannt?

10

- **A** Winnetou
- **B** Old Shatterhand
- **C** Tokei-ihto
- **D** Sitting Bull

11 Welchen Inhalt bietet das Panorama-Museum in Bad Frankenhausen?

- **A** Darstellung der Bauernkriege 1524/25
- **B** Gemäldesammlung der DDR-Maler Bernhard Heisig, Willi Sitte und Werner Tübke
- **C** Geschichte der kommunistischen Bewegung in Deutschland
- **D** Geschichte der kommunistischen Weltrevolution 1917

Was steckt hinter dem Begriff „Lipsi“?

12

- **A** Zitronenlimonade
- **B** Tanzstil
- **C** Maskottchen der Stadt Leipzig
- **D** Handcreme

01 Für welches Vergehen wurde Erich Mielke 1993 zu einer Gefängnisstrafe verurteilt?

- **A** Manipulative Bevorzugung seines Lieblingsvereins BFC Dynamo in der Fußballmeisterschaft der DDR
- **B** In seinem Namen durchgeführte Auftragsmorde von der Stasi im Ausland
- **C** Mord an zwei Polizisten im Jahre 1931
- **D** Mitverantwortung für den Schießbefehl der DDR-Grenztruppen

Aus welchem Anlass wurde beim Ehepaar Honecker eine Hausdurchsuchung durchgeführt?

02

A Prozessauftakt im Verfahren um die Verantwortung zum Schießbefehl am 12.11.1991

B Im Zuge des Ausschlusses aus der SED am 3.12.1989

C Nach Rücktritt vom Amt des Generalsekretär des Zentralkomitees der SED am 18.10.1989

D Im Rahmen eines Ermittlungsverfahrens durch die Generalstaatsanwaltschaft der DDR im Dezember 1989

03 Womit zwang Erich Honecker seinen Vorgänger Walter Ulbricht endgültig zum Rücktritt vom Amt des Ersten Sekretärs der SED?

- **A** Mit einer kritischen Rede als Abrechnung zu Ulbrichts Wirtschaftspolitik vor dem Zentralkomitee der SED
- **B** Mit der Veröffentlichung eines Fotos, das Ulbricht als Patienten in Morgenrock und Pantoffeln krank und geschwächt zeigt
- **C** Bei Geheimgesprächen mit dem Generalsekretär der KPdSU Leonid Breschnew in Moskau
- **D** Mit einer direkten Rücktrittsaufforderung bei einer Sitzung des Politbüros

04 Was machte Politbüromitglied Günter Schabowski beruflich nach dem Ende der DDR?

- **A** Moderator einer Talkshow beim Mitteldeutschen Rundfunk
- **B** Redakteur bei einem Wochenblatt
- **C** Er gründete ein eigenes Pressebüro
- **D** Dozent bei einer privaten Hochschule

Wann wurde die letzte Folge der DDR-Fernsehsendung „Der schwarze Kanal" ausgestrahlt?

05

- **A** Am 17.10.1989, Tag des Rücktritts von Erich Honecker aus dem Politbüro
- **B** Am 30.9.1990, dem letzten Tag der Existenz der DDR
- **C** Am 5.4.1989, dem Tag der Auflösung der demokratisch nicht legitimierten Volkskammer
- **D** Am 30.10.1989 als Reaktion des DDR-Fernsehens auf Forderungen aus den Montagsdemonstrationen nach Meinungsfreiheit

06 Wann trat das Passierscheinabkommen in Kraft, das Westberlinern erlaubte, ihre Verwandten in Ostberlin trotz Mauer zu besuchen?

- **A** 17.12.1963 (Verhandlungen zwischen DDR und Westberliner Senat)
- **B** 3.9.1971 (Viermächteabkommen zu Berlin)
- **C** 17.12.1971 (Transitabkommen zwischen DDR und BRD)
- **D** 21.6.1971 (Grundlagenvertrag zwischen DDR und BRD)

Welches Ereignis feierte Dresden am 13.2.1985?

07

A Die Wiedereröffnung der im Krieg zerstörten Frauenkirche

B Eröffnung der nach sozialistischen Grundsätzen umgestalteten Innenstadt

C Abschluss der Sanierung der Semper-Oper

D Den Ausbau des Flughafens von Dresden

Mit wem war der DDR-Liedermacher Wolf Biermann im Westen auf der Bühne zu erleben, kurz vor dem von der DDR verhängten Auftrittsverbot?

08

A Mit Kabarettist Wolfgang Neuss

B Mit Liedermacher Franz-Josef Degenhardt

C Mit dem Komiker und Kabarettisten Dieter Hallervorden

D Mit dem Sänger und Filmschauspieler Manfred Krug

09 Wie hoch war die Auflage der sowjetischen deutschsprachigen Zeitschrift „Sputnik“ in den letzten Wochen der Existenz der DDR?

- **A** Keine Exemplare
- **B** 15.000 Exemplare
- **C** 110.000 Exemplare
- **D** 300.000 Exemplare

Was gehörte nicht zur Ausstattung der Waldsiedlung in Wandlitz, dem in sich geschlossenen Wohnort der Mitglieder des Politbüros der DDR?

10

- **A** Sauna
- **B** Fitnessstudio
- **C** Schwimmbad
- **D** Kino

11 Wie und wann wurde der Beschluss des Beitritts der Deutschen Demokratischen Republik zur Bundesrepublik Deutschland vollzogen?

A Beschluss des Zentralkomitees der SED am 31.12.1989

B Beschluss der Volkskammer der DDR am 9.11.1989

C Verfügung durch die Regierung der Bundesrepublik Deutschland

D Beschluss der Volkskammer der DDR am 20.9.1990

12 Wie hoch war die Beteiligung an den letzten Wahlen zur Volkskammer der DDR am 18. März 1990?

A 99,74 Prozent

B 93,40 Prozent

C 75 Prozent

D 68 Prozent

Was verbirgt sich hinter der in der DDR geläufigen Abkürzung „NSW“?

13

- **A** Nichtsozialistisches Wirtschaftsgebiet
- **B** Nationaler sozialpädagogischer Wehrkundeunterricht
- **C** Neue sozialistische Wertschöpfung
- **D** Neuer sozialökonomischer Wirtschaftskurs

Warum wurde die Nationalhymne der DDR „Auferstanden aus Ruinen“ ab den 70er Jahren nicht mehr gesungen?

14

- **A** Der Text war zu kompliziert für die nachwachsenden Generationen
- **B** Die Zeile „Deutschland einig Vaterland“ passte nicht mehr zu den Zielen der SED
- **C** Stimmt gar nicht, der Text wurde stets gesungen
- **D** Gespielt klang die Hymne deutlich harmonischer als gesungen

15 Warum boykottierten die meisten westlichen Staaten die olympischen Sommerspiele 1980 in Moskau?

A Protest gegen Einmarsch der Roten Armee in Afghanistan 1979

B Protest gegen systematisches Doping der sozialistischen Länder

C Angst vor Wettbewerbsbeeinflussungen durch den sowjetischen Geheimdienst

D Aussicht auf eine zu geringe Medaillenausbeute

Игры
XXII Олимпиады
Москва
1980

Wer war der letzte hochrangige ausländische Staatsgast der DDR alter Prägung?

16

- **A** Helmut Kohl
- **B** Francois Mitterand
- **C** Michail Gorbatschow
- **D** Margret Thatcher

17

Wie viele Farben benötigten die Streitkräfte der DDR an den Uniformen als Kennzeichnung der verschiedenen Waffengattungen?

- **A** 3
- **B** 5
- **C** 9
- **D** 13

18

Was stand hinter der Abkürzung „ESP"?

- **A** Elektronisches Stabilisierungsprogramm im Fahrwerk des Wartburg 1.3
- **B** Einführung in die sozialistische Produktion
- **C** Einheitsprogramm sozialistischer Parteien
- **D** Energiesparprogramm der SED-Betriebsorganisationen

Was war ein ZV-Lager?

19

A Zentrales Vertriebslager der Handelsorganisation HO

B Lehrgang für Zivilverteidigung für Mädchen

C Treffen von Veteranen aus dem Zweiten Weltkrieg

D Zentrum für Verkehrslogistik

Welche der vier Auszeichnungen der Nationalen Volksarmee wurde nie vergeben?

20

A Blücher-Orden

B Ehrentitel „Verdienter Militärflieger der Deutschen Demokratischen Republik"

C Kampforden der Nationale Volksarmee „Für treue Dienste"

D Ehrendolch vergoldet

21 Was war die höchste staatliche Auszeichnung in der DDR?

A Banner der Arbeit

B Karl-Marx-Orden

C Held der DDR

D Vaterländischer Verdienstorden

An welchem Ort wohnte das Ehepaar Honecker zuletzt in der DDR?

22

- **A** Armeehospital Beelitz
- **B** Hoffmanstaler Anstalten Lobetal
- **C** Waldsiedlung Wandlitz
- **D** Gästehaus der DDR-Regierung am Schloss Schönhausen in Berlin

23 Wer waren Bausoldaten?

A Besonders ausgebildete Bauarbeiter, die auf sicherheitssensiblen Großbaustellen eingesetzt wurden

B Wehrdienstverweigerer in einer Form von Ersatzdienst

C Freiwillige Helfer, die den Aufbau des Sozialismus mit Arbeitseinsätzen unterstützten

D Mitarbeiter der Staatssicherheit, die DDR-Bauarbeiter im Ausland überwachten

Wer war der letzte Außenminister der DDR?

24

- **A** Lothar de Maizière
- **B** Oskar Fischer
- **C** Otto Winzer
- **D** Markus Meckel

25 Wie viele Tage blieb die letzte Regierung der DDR im Amt?

- **A** 371
- **B** 174
- **C** 111
- **D** 159

Wie viele Partnerschaften gab es zwischen Kommunen der DDR und der BRD bis 1989?

26

A 163

B 3

C Keine

D 112

27 Welche Rolle spielte die Umweltbibliothek?

- **A** Zentrale Fachbibliothek für die Universitäten der DDR
- **B** Heftreihe für die Erweiterte Oberschule (EOS) zum Thema Umwelt
- **C** Datensammlung der privat initiierten Umweltbewegung
- **D** Amtliche Basisliteratur für die Umweltgesetzgebung

Wer verbarg sich hinter dem Synonym „Rotkohl"?

28

- **A** Der vegetarische Koch von Erich Honecker
- **B** Populärer Landwirtschaftsminister der DDR
- **C** Betreiber eines bekannten Gemüsestands auf dem Weimarer Zwiebelmarkt
- **D** Der erste ständige Vertreter der DDR in der BRD

Wie viele Menschen siedelten während der deutschen Teilung von West nach Ost?

29

- **A** 560.000
- **B** 20.000
- **C** 2,5 Millionen
- **D** 1200

ALLTAG UND SOZIALES

01

Was war „Präsent 20"?

RICHTIGE ANTWORT: **D**

Eine kurze und steile Karriere hatte der Textilstoff dieses Namens genommen: Er kam 1969 zum 20. Jahrestag der DDR als „Stoff, aus dem die Träume sind" auf die Bühne, bestand zu 100 Prozent aus Polyester und sollte den westlichen Stoff Trevira ausstechen. Der Stoff war knitterfrei und strapazierfähig, die darauf zugeschnittenen Modelinien fanden durchaus Zuspruch. Erst später stellten sich Nachteile ein, wie beispielsweise elektrostatische Aufladung, steifes Abstehen der Säume und eine Isolierwirkung, die zu häufigem Schwitzen führte. Schon 1974 stellte das Textilkombinat Cottbus die Produktion wieder ein. Wegen der unschlagbaren Haltbarkeit haben nicht wenige Kleidungsstücke die DDR überlebt und erfreuen sich heute nostalgischer Aufmerksamkeit.

02

Aus welchem Land stammte das Speisenangebot des Restaurants „Waffenschmied" im thüringischen Suhl?

RICHTIGE ANTWORT: **B**

Japan in der DDR – eine wenig naheliegende Kombination, aber doch gelebte Realität: Der passionierte Koch und Gastwirt Rolf Anschütz (1932 – 2008) baute ab 1966 mit viel Improvisation im Suhler Restaurant „Waffenschmied" ein japanisches Restaurant auf, weil ihn japanische Küche und Lebenseinstellung faszinierten. Schnell wurde ein wohl gestaltetes und klug durchdachtes Angebot daraus, so dass Interessenten in der Regel zwei Jahre auf das kulinarische Ereignis warten mussten. Der Abend startete mit einem rituellen Reinigungsbad, danach ließen sich alle Gäste – nur mit einem Kimono bekleidet – zum Mahl nieder. Alles war dem japanischen Lebensstil untergeordnet. Was sagte der Staat dazu? Die für DDR-Verhältnisse hohen Menüpreise zwischen rund 100 und 140 Mark waren genehmigt worden. Die zuständige Handelsorganisation (HO) hielt sich bis 1986 zurück, dann übernahm sie die Regie. Das Restaurant existierte nach der Wende noch bis etwa 1993. (Quelle: www.spiegel.de)

03

Was war gemeint, wenn sich der DDR-Bürger um einen „Stempel" sorgte?

RICHTIGE ANTWORT: **C**

Den allgegenwärtigen „Stempel" konnte sich abholen, wer der Volkspolizei im Straßenverkehr negativ aufgefallen war. Zu jedem Führerschein gehörte eine Berechtigungskarte – im Volksmund Stempelkarte – mit fünf Feldern zum Abstempeln durch die Polizei mit Unterschrift und dem Vermerk, gegen welchen Paragrafen verstoßen wurde. War die Karte voll, gab es erst einmal eine Fahrpause von zwei Jahren für den Inhaber, vorher erhielt er nämlich keine neue Stempelkarte. Das System war zwar viel unbürokratischer als die Verkehrssünderkartei des Kraftfahrtbundesamtes im Westen, hatte aber den Nachteil, dass der Führerschein ohne weiteres Verfahren oder Gerichtsurteil eingezogen werden konnte.

04

Was verbirgt sich hinter der Bezeichnung B 22 W?

RICHTIGE ANTWORT: **A**

Nur zwei Buchstaben und zwei Ziffern, aber diese Kombination hatte eine hohe Anziehungskraft. Denn so hieß der genormte Kleinbungalow für den beliebten Kleingarten. Eine solche Datsche war das Ziel vieler Familien in der DDR und mindestens so wichtig wie der eigene Pkw. Auf 17 Quadratmetern standen zwei Zimmer, Küche und WC bereit. Ein Wasseranschluss war also nötig, Heizung gab es aber nicht, es sollte ja kein ständiger Wohnsitz daraus werden. Für B 22 W lohnte es, Beziehungen und Tauschware vorzuhalten, um es trotz Mangelwirtschaft zu erreichen. Oder man verfügte über Guthaben oder großzügige Verwandte im Westen. Beim Spezialversand Genex kostete der Bungalow in den 1980er Jahren 6157 DM.

05

Welchen Platz nahm der Fernsehturm in Berlin bei seiner Einweihung in der Weltrangliste der höchsten Gebäude ein?

RICHTIGE ANTWORT: **B**

Zu Platz eins hat es nicht gereicht im Jahre 1969. Als das Großprojekt Fernsehturm abgeschlossen wurde, war ein Gebäude noch höher als 250 Meter (Empire State Building in New York mit 381 Metern). Das tat der eleganten optischen Wirkung und dem hohen Prestigewert des Turms keinen Abbruch. Er wurde zum Symbol der neu gestalteten Hauptstadt zusammen mit dem neuen Alexanderplatz, alles empfunden im Stil der Zeit mit viel Beton und breiten Straßen. Die Besucherebene des Turms lag immerhin noch auf einer Höhe von 203 Metern. Nirgends sonst gab es in der DDR einen solch ungetrübten Blick nach Westen wie hier, dieses Alleinstellungsmerkmal hatte der Fernsehturm so sicher wie Platz zwei in der Weltrangliste. Übrigens: Das aktuell höchste Gebäude weist 828 Meter auf und steht in Dubai (Burg Khalifa). (Quelle: CTBUH)

06

Wie hieß die beliebte Frauenzeitschrift in der DDR?

RICHTIGE ANTWORT: **A**

Ein Frauenname musste es sein, als 1956 der Verlag für die Frau in Leipzig einen frischen, modernen Titel für seine neue „Zeitschrift für Mode und Kultur" suchte. Vielleicht hatte die zwei Jahre zuvor gegründete Brigitte in Westdeutschland bei der Namenssuche Pate gestanden. Sibylle genoss einen guten Ruf bei ihrer Leserschaft dank qualitätsvoller Fotos zur aktuellen Mode und – natürlich im Rahmen des Erlaubten – vielschichtiger redaktioneller Beiträge. Ihr größtes Problem blieb wohl immer die zu kleine Auflage, denn Hefte der Sibylle blieben sowohl im Abo als auch im Kioskverkauf immer rar. Der Name war so weit verbreitet, dass ein beliebtes Café in der Berliner Karl-Marx-Allee ihn trug. Eingestellt wurde die Zeitschrift 1995, das Café existiert nach einigen Unterbrechungen noch heute.

07

Welche Einrichtung im Palast der Republik in Berlin war täglich geöffnet?

RICHTIGE ANTWORT: **D**

Der Palast der Republik, erbaut von 1973 bis 1976 nach Plänen des Berliner Architekten Heinz Graffunder (1926 – 1994) und Mitarbeitern am damaligen Marx-Engels-Platz, war ein Besuchermagnet in Ostberlin. Dafür sorgten vor allem eine Fülle von Veranstaltungen sowohl im „Großen Saal des Palastes" als auch in den Foyers sowie in neun gastronomischen Einrichtungen. Im „Kleinen Saal der Palastes" tagte die Volkskammer. Und wo so viele Menschen zusammen kommen, gibt es auch das Bedürfnis, Post los zu werden. Tatsächlich hatte das Postamt im Palast jeden Tag geöffnet. Einen unmittelbaren U-Bahnanschluss gab es übrigens nicht.

Nach der politischen Wende wurde der Palast 1990 wegen hoher Asbestbelastung geschlossen, in der Zeit von 1998 bis 2003 von Asbest befreit und dann abgerissen. Heute befindet sich an derselben Stelle das Humboldt-Forum im Erscheinungsbild des Berliner Schlosses, das hier bis zur Zerstörung im Zweiten Weltkrieg stand.

08

Wie nannte der Volksmund das Hartgeld der DDR-Währung?

RICHTIGE ANTWORT: C

Nicht nur, wer schon die DM als Münzgeld in der Hand gespürt hatte, bemerkte sofort die ungewöhnliche Materialanmutung des Münzgeldes in der DDR. Es bestand aus Aluminium (außer der 20-Pfennig-Münze) und erwies sich, wenn man es denn wissen wollte, als nicht ganz bissfest. Obwohl die Materialwahl mit dem realen Gegenwert des Geldes gar nichts zu tun hat, minderte sie in den Augen der Betroffenen den Ruf der ganzen Währung allein schon durch ihre Äußerlichkeit. Tatsächlich schnitt die noch frei konvertierbare Mark der DDR im ständigen Vergleich mit der DM aus dem Westen immer schlecht ab, nicht nur bei Material und Erscheinungsbild.

09

Was nannte der Volksmund „Lampenladen"?

RICHTIGE ANTWORT: D

Der Palast der Republik am Marx-Engels-Platz löste verschiedenste Emotionen aus: Er stand symbolisch für einen neue Zeit an Stelle der Ruine des Berliner Stadtschlosses, erbaut von 1973 bis 1976 (Architekt Heinz Graffunder und Mitarbeiter). Einerseits zeugte der für DDR-Architektur ungewöhnliche Prunk für eine gewisse Distanz und für Spott – daher auch „Erichs Lampenladen" –, andererseits schätzten vor allem die Berliner die zahlreichen Veranstaltungen im Kleinen und im Großen Saal sowie in den Foyerbereichen. Populäre Fernsehsendungen wie „Ein Kessel Buntes" kamen von hier, außerdem tagte die Volkskammer im Kleinen Saal und die SED bei ihren Parteitagen im Großen Saal. Der Palast der Republik hatte nach der politischen Wende keine Zukunft mehr, was viele Menschen in den neuen Bundesländern bedauert haben. Wegen Asbestbelastung ab 1990 zunächst geschlossen und trotz Asbestbeseitigung dann bis 2008 abgerissen, machte der Palast der Republik, wiederum symbolisch, Platz für den dem alten Stadtschloss nachgebauten Komplex des Humboldtforums, eingerichtet für Kulturveranstaltungen und als Museum.

10

Wie viele Grenzübergangsstellen unterhielt die DDR im Jahre 1985?

RICHTIGE ANTWORT: C

So viele Grenzübergangsstellen (GüSt) ergeben sich für das Jahr 1985 in einem Land mit Grenzen zu vier Staaten trotz aller politischer Abschottung. Allerdings haben nicht alle 92 Einrichtungen mit dem Reiseverkehr in den Westen zu tun. Elf Grenzübergangsstellen regelten den Verkehr mit der Tschechoslowakei und 24 mit Polen. Für den Fährverkehr nach Dänemark und Schweden waren sechs Stellen zuständig, außerdem je eine auf den Flughäfen in Berlin und Leipzig. Blieben also 49 für den Reiseverkehr mit der Bundesrepublik einschließlich Westberlin. Hier gab es 29 Übergänge, von denen vier Fußgängern vorbehalten waren. Acht dienten der Binnenschifffahrt, vier dem Bahnverkehr. Entlang der deutsch-deutschen Grenze außerhalb Berlins reihten sich 20 Stellen aneinander, davon acht für die Eisenbahn und zwei für die Binnenschifffahrt. Geleitet wurde jede Grenzübergangsstelle von einem Kommandanten im Range eines Oberstleutnant oder eines Oberst. (www.grenzkommando.de)

11

Was kostete in der DDR der legendäre Mixer RG 28 S?

RICHTIGE ANTWORT: A

Es gibt echte Legenden aus der Produktpalette von DDR-Betrieben zur Versorgung der Bevölkerung. Das kann daran liegen, dass sie lange unverändert auf dem Markt und auch verfügbar waren und daran, dass sie sich sehr bewährt haben. Das Handrühr- und

Mixgerät RG 28 (RG wie Rührgerät) des VEB Elektrogerätewerk Suhl gehört dazu. Von 1979 bis 1990 war das RG 28 S mit Stufenschalter für einen Preis von 98 Mark (150 Mark für die elektronische Variante) zu haben. Es zeichnet sich durch Langlebigkeit und Vielseitigkeit aus und hat heute Legendenstatus erhalten. Es war nicht einfach nur ein Rührgerät, sondern eine Art Küchenmaschine, mit dem RG 28 ließ sich nicht nur rühren, mixen und pürieren, sondern auch Rohkost häckseln oder Dosen öffnen, falls man das komplette Zubehör sein Eigen nannte. Übrigens brauchte auch im Westen niemand auf das großartige Gerät zu verzichten. Im Versandhaus Quelle wurde er unter dem Markennamen Privileg ebenfalls angeboten. Heute werden gut erhaltene Geräte zu Preisen zwischen 30 Euro und 100 Euro gehandelt – offenbar ist er für die Ewigkeit gebaut ...

12

Gab es die berühmte Reiseschreibmaschine „Erika" auch mit Elektronik?

RICHTIGE ANTWORT: **B**

Wer sich liebevoll an seine „Erika" erinnert, wird in der Regel die berühmte rein mechanische Reiseschreibmaschine dieses Namens vor Augen haben, beispielsweise aus den frühen 1980er Jahren. Die nachfolgende elektronische Entwicklungsstufe werden nicht mehr viele erworben haben, denn sie kam spät und war teuer. „Erika S 3000", 1987 eingeführt, hatte ein elektrisch betriebenes Typenrad-Druckwerk und einen Minirechner für die Korrekturfunktion. Das Charmante daran für die Situation in der DDR: Angeschlossen an die da schon begrenzt verfügbaren Kleinrechner KR 87 wurde die Schreibmaschine zum Drucker – „normale" Drucker waren nicht verfügbar. Allerdings kam die elektronische Erika mit einem Verkaufspreis von 2700 Mark sehr teuer – nicht weniger als drei durchschnittliche Monatsgehälter. (Quelle: www.robotrontechnik.de)

13

Welche Auswirkungen hatte „Erichs Krönung"?

RICHTIGE ANTWORT: **C**

Mit dem Preisschock an den Weltmärkten aufgrund der Fehlernte in Brasilien geriet der Kaffeeimport in die DDR 1977 erheblich ins Stocken. Aufgrund fehlender Devisen kam weniger Kaffee ins Land. Die Folge: Reiner Bohnenkaffee (Marke Rondo) kostete nun pro Pfund 60 Mark statt 40. Erleichterung für die Kundschaft sollte ein neuer Kaffeemix verschiedener Sorten für 16 Mark schaffen. Großer Nachteil allerdings war, dass in den silberfarbenen Packungen mit der Aufschrift „Kaffee Mix" nur 51 Prozent Kaffeepulver enthalten war. Die Verbraucher verspotteten den Mix schnell als „Erichs Krönung". Und genauso schnell verschwand die Mogelpackung auch wieder aus den Geschäften.

Als Konsequenz aus dieser Krise begann die DDR, in den 1980er Jahren mehrere Plantagenanlagen in der Volksrepublik Vietnam aufzubauen. Die Idee war zwar gut, jedoch konnte erst 1991 die erste Ernte eingefahren werden – zu spät für die DDR. Allerdings ein Glücksfall für das asiatische Land, das mittlerweile der zweitgrößte Kaffeeexporteur der Welt ist. So betrug das Erntevolumen 2018/2019 gut 31,2 Millionen Säcke á 60 kg.

14

Welcher der hier genannten Gedenk- oder Aktionstage passt nicht zur DDR?

RICHTIGE ANTWORT: **A**

Da in der Phase des Kalten Kriegs und auch noch in der Entspannung in den 1980er Jahren der Begriff „Europa" für Westeuropa stand, gab es in der DDR keinen Grund, den europäischen Idealen mit einem Gedenk- oder Aktionstag zu huldigen. Der erste Europatag der späteren Europäischen Union fand am 9. Mai 1950 statt. Alle anderen Alternativen hat es aber im Kalender von DDR und BRD gegeben, wenn auch zum Teil unterschiedlich gewichtet und beurteilt. So wird die SED in ihrem Meinungsmonopol den Tag des freien Buches (10. Mai) anders gemeint haben als die Gesellschaft im Westen. Der Weltgesundheitstag (7. April) diente auf beiden Seiten als Gelegenheit, Gesundheitsthemen zu platzieren und an den Vereinten Nationen (24.10.) hatten ebenso beide Staaten ihr Interesse.

15

Welches der aufgeführten Angebote gab es nicht im Katalog 1989 des Geschenkdienstes Genex?

RICHTIGE ANTWORT: **D**

Der legendäre Genex-Katalog bot den Käufern im Westen, die Verwandten im Osten Gutes tun wollten (oft auch im Rahmen von Erbschaften), sehr viel. Das fast schon luxuriöse Fertighaus gehörte dazu. Das Autoangebot war zum Schluss auf stattliche 29 Modelle angewachsen, auch das Meißener Porzellan war willkommener Devisenbringer. Reisen außerhalb der Ostblockstaaten gingen allerdings gar nicht. Das zwar sozialistische, aber politisch blockfreie Jugoslawien hatte offene Grenzen und blieb deshalb tabu für DDR-Bürger. Zu leicht wäre ein Absetzen in den Westen von hier aus gewesen. Pauschalreisen nach Bulgarien, Rumänien oder Ungarn fanden sich aber durchaus im Katalog. Die Methode, (hauptsächlich) Ostwaren im Westen zur Auslieferung in den Osten gegen Devisen zu verkaufen, empfanden viele als unsozialistisch und ungerecht. Die glücklichen Empfänger freuten sich trotzdem, die anderen werden es ihnen gegönnt haben.

16

Wie hoch war zuletzt der Mindestumtausch, den Besucher aus dem Westen pro Tag ihres DDR-Aufenthaltes tätigen mussten?

RICHTIGE ANTWORT: **B**

1980 war der Höchstbetrag von 25 DM pro Tag beim Mindestumtauschsatz erreicht, der von allen Bürgern westlicher Staaten verlangt wurde, die in die DDR reisten. Eingeführt wurde diese Devisenquelle 1964 mit 5 DM für Bundesbürger und 3 DM für Westberliner. Nach einigen Erhöhungen und Senkungen galten ab dem 9. Oktober 1980 die 25 DM (Kinder unter 14 Jahren 6,50 DM). Von den Betroffenen auch „Zwangsumtausch" oder „Eintrittsgeld" genannt, führte diese Regelung zu Ärger und Problemen. Es erwies sich vor allem im Rahmen von Verwandtenbesuchen als schwierig, die Summe in den Geschäften umzusetzen und führte dazu, dass der Westbesucher sich permanent auf Einkaufstour befand. Abgeschafft wurde der Mindestumtausch am 24. Dezember 1989. Die Gesamteinnahmen für die DDR werden auf 4,5 Milliarden DM geschätzt.

17

Welche der vier Bezeichnungen für die Währung in der DDR trifft nicht zu?

RICHTIGE ANTWORT: **C**

Es gab zwar die Deutsche Reichsbahn, eine Währung mit diesem Begriff aus der Vergangenheit aber nie. „DM" nannte die DDR ihr Geld bis 1964, danach „Mark Deutscher Notenbanken", ehe 1958 die bis zuletzt verwendete Bezeichnung „Mark der Deutschen Demokratischen Republik" eingeführt wurde. Bemerkenswert: Für ältere frühere DDR-Bürger war der Euro – eingeführt im Jahr 2000 – die fünfte Geldbezeichnung, die sie erlebten, die DM von 1990 bis 2000 eingeschlossen.

18

Was war die Komplexannahme?

RICHTIGE ANTWORT: **A**

Komplexannahme – dieser für Fremde seltsam klingende Hinweis war praktisch überall in den Städten, Gemeinden und großen Wohngebieten präsent. Dahinter verbarg sich eine Annahmestelle der Dienstleistungsbetriebe für reparaturbedürftige Haushaltsgeräte und Schuhe sowie Kleidung zur chemischen Reinigung. Auch noch verwertbares Altmaterial konnte hier abgegeben werden, wobei der Gegenwert gleich ausgezahlt wurde.

19

Wann wurde in der DDR der Bezug von Lebensmitteln auf Karten abgeschafft?

RICHTIGE ANTWORT: C

Am Bezug von Lebensmitteln wie Fleisch, Fett oder Zucker nur auf Bezugskarten hielt die Regierung der DDR bis zu diesem Datum fest. Der eklatante Mangel an Grundnahrungsmitteln hatte sich trotz aller Bemühungen und Versprechungen in den Jahren zuvor nicht entscheidend reduzieren lassen, so dass die Lebensmittelkarten für einen gerechten Bezug sorgen sollten. Mit der Abschaffung wurden ein neues Lohn- und Preissystem sowie verbesserte Sozialleistungen eingeführt, wovon allerdings nicht alle profitierten. Bei Kartoffeln endete der Bezug über Lebensmittelkarten erst 1966.

20

Für was stand der umgangssprachliche Begriff „Gebücktwarenladen"?

RICHTIGE ANTWORT: C

„Gebücktwarenläden" gab es allerdings nicht offiziell, sondern nur im Volksmund. Gemeint ist der Bezug von Waren des täglichen oder auch etwas außergewöhnlichen Bedarfs durch das Verkaufspersonal in HO-Läden. Das Kürzel „HO" steht für Handelsorganisation, gemeint ist damit der komplette Einzelhandel. Aufgrund guter Beziehungen und oft gegen kleine Gefälligkeiten, legte eine Verkäuferin oder ein Verkäufer rare Stücke zurück und gab sie den Auserwählten, indem sie sich bückte und unter der Ladentheke hervorholte ...

21

Wie konnte man in der DDR am schnellsten reich werden?

RICHTIGE ANTWORT: D

Tatsächlich ging es wie auch anderswo in der Welt am schnellsten über das Lottospiel – sofern man natürlich das nötige Glück hatte. Glücksspiel war also keineswegs als westlich dekadent verpönt, der VEB Zahlenlotto (ab 1954) und der VEB Vereinigte Wettspielbetriebe (ab 1968) sorgten für systemgerechten Ablauf mit nicht zu hohen Gewinnen. Dennoch gab es über Lotto anfangs maximal rund 100.000, später bis zu 500.000 Mark zu gewinnen, in der beliebten Fernsehschau „Tele-Lotto" sonntags bis 20.000 Mark. Meist handwerkliche Arbeiten gegen Westgeld waren zwar einträglich, schnell war das Geld aber nicht verdient. Eine Börse der DDR gab es nicht. Und die Spitzengehälter der Wirtschaft: Der Direktor eines großen Kombinats beispielsweise hatte um 1980 offiziell ein Monatsgehalt von 1500 Mark (DDR-Durchschnittseinkommen damals knapp 1000 Mark).

22

Was kostete der erste Videorecorder

RICHTIGE ANTWORT: A

Die wunderbare Welt des privaten Kinos erreichte die DDR gerade noch. Ab September 1989 gab es offiziell die ersten Videorecorder zu kaufen. Der Typ VHR-5100G stammte von Sanyo aus Japan und kostete 7350 Mark der DDR, was in etwa einem halben Jahreseinkommen entsprach. Die Leerkassette (etwa um verbotenerweise im Westfernsehen Berichte zu den Montagsdemonstrationen der Wendezeit aufzunehmen) kam auf 90 Mark. Bis dahin waren die Recorder nur über den Geschenkedienst Genex ins Land gekommen. Sie wurden im Westen zur Auslieferung im Osten mit 900 DM und 2000 DM berechnet.
(Quelle: www.mz.de)

23

Welches Elektronikgerät war im Privatbesitz verboten?

RICHTIGE ANTWORT: **B**

In einem Land, in dem die Nachrichtensammlung – selbst wenn die Informationen frei zugänglich sind – unter Strafe stand, durfte es natürlich keine für alle verfügbaren Kopiergeräte geben. Zu einfach wäre die Vervielfältigung unliebsamer Nachrichten gewesen. Kopiergeräte waren nicht öffentlich zugänglich und standen meist in den Vorzimmern von Betriebsleitungen und Dienststellen. In einem Logbuch mussten alle Kopien vermerkt werden. Daher musste die illegale Umweltbewegung der DDR in den 1980er Jahren technisch veraltete Matrizendrucker für ihre Flugblätter nutzen.
Videorecorder kamen erst 1989 in den Handel, ein Angebot an Tonbandgeräten gab es dagegen schon früh. Erste Personalcomputer (PC, in der DDR „KC" für Kleincomputer genannt) waren 1985 in geringen Stückzahlen erhältlich. In Privatbesitz gelangten sie wohl kaum, waren aber auch nicht verboten.

24

Was steckt hinter der Abkürzung SMH?

RICHTIGE ANTWORT: **B**

SMH steht für „Schnelle medizinische Hilfe" und bezeichnete zunächst den Krankentransport in weniger dringlichen Fällen und ab 1976 zusätzlich das Rettungssystem in der DDR überhaupt. Es war in einem Netz von SMH-Leitstellen organisiert. Für akut gefährdete Patienten im klassischen Rettungsdienst war die DMH (Dringliche medizinische Hilfe) zuständig. Hier fuhr stets ein Notarzt mit. Außerdem gab es den DHD (Dringlicher Hausbesuchsdienst).

25

Was ist Gera 1?

RICHTIGE ANTWORT: **A**

Es ist die Schrankwand! Die thüringische Stadt hielt mehrfach als Typbezeichnung für Wohnzimmerschrankwände her, von Gera I bis Gera IV. Es waren stattliche Möbel in Eiche-Dekor, elegant im Stil der Zeit und sehr begehrt. Bekannt gemacht hat das Sortiment in der Regel der Katalog des Geschenkdienstes Genex. Hier gab es „Gera" sofort gegen Westgeld: Gera I im Jahre 1985 zum Beispiel für 2350 DM. Im Binnenhandel stand die Schrankwand dagegen nur unter komplizierten Bedingungen zur Verfügung. Hersteller war der VEB Möbelkombinat Zeulenroda im Bezirk Gera.

26

Was produzierte der VEB Musima?

RICHTIGE ANTWORT: **A**

Wer weiß, wo die Musikinstrumente herkommen, findet auch schnell die richtige Lösung: Musikinstrumentenbau Markneukirchen bedeutet der Betriebsname ausgeschrieben. Der Ort liegt im Vogtland in einer Region, die auch „Musikwinkel" genannt wird und in der es schon Mitte des 17. Jahrhunderts Instrumentenbau gab. Der volkseigene Betrieb bestand von 1952 bis 1990, der Nachfolgebetrieb Musima GmbH bis 2004. In der DDR waren alle Hersteller von Musikinstrumenten in Form eines Kombinats unter VEB Musima zusammen geschlossen. Das Angebot umfasste vielerlei Streich- und Zupfinstrumente wie Gitarren, Violinen, Celli, Kontrabässe, Banjos und Zithern, die auch in den Export gingen. Im Musikinstrumentenmuseum Markneukirchen ist die Geschichte des Instrumentenbaus dokumentiert.

27

Was verstand man unter „Geflügelte Jahresendfiguren"?

RICHTIGE ANTWORT: **B**

Die abenteuerliche Wortkonstruktion sollte den Begriff der Engel aus der Bibel möglichst unauffällig ersetzen, wobei nicht klar ist, ob es sich um eine ironische Wortschöpfung des Volksmunds oder einen offiziell verwendeten Begriff handelt. Jedenfalls spiegelt sich darin das Bemühen der SED wider, dem christlichen Weihnachtsfest nicht zu viel Raum zu geben. Nach offizieller Lesart handelte es sich an Weihnachten lediglich um eine traditionelle Familienfeier, Weihnachtsfeiern in Betrieben und anderswo hießen Jahresendfeiern. Allerdings spielten in der Bevölkerung unabhängig von der kirchlichen Bindung des Einzelnen Engelsfiguren als Weihnachts- und Christbaumschmuck stets eine große Rolle.

28

Was war Leningrad T2?

RICHTIGE ANTWORT: **C**

Pünktlich zum Start des Fernsehens in der DDR gab es auch ein Empfangsgerät eigener Herstellung. Der Name „Leningrad T2" lässt auf die Herkunft schließen. Denn es handelte sich um ein in der Sowjet-Union entwickeltes Gerät, eine Kombination von Fernseh- und Radioempfänger. Der VEB Sachsenwerk Radeberg produzierte es von 1950 bis 1953. Nach Internetquellen wurden ca. 65.000 Apparate hergestellt, die allermeisten gingen demnach aber als Reparationszahlungen in die Sowjet-Union. (Quelle: www.industriesalon.de)

29

Warum war FKK in der DDR so beliebt?

RICHTIGE ANTWORT: **C**

Leicht fällt es nicht, sich hier festzulegen. Fakt ist, dass es neben dem staatlich subventionierten und organisierten Gemeinschaftsurlaub unter den Augen von Partei und Gewerkschaftsbund nicht viele Möglichkeiten individuellen Reisens gab. Der Camping-Urlaub war die große Nummer eins, und das Baden an für die Freikörperkultur (FKK) freien Strände eine weitere Alternative. Sie fand großen Zuspruch, es gab zum Schluss rund 80 FKK-Strände in der DDR. Viele hatten wohl nicht vergessen, dass einst die Kulturpolitiker der SED in den frühen 1950er Jahren Nacktheit am Strand als obszön und dekadent verboten, dann aber einen Rückzieher machten mussten – FKK als ein Stück erkämpfter Freiheit.

30

Was verstand man unter „Neuererbewegung"?

RICHTIGE ANTWORT: **B**

Die Neuerer waren allgegenwärtig in den Medien der DDR. Angesprochen wurden Tüftler in den Betrieben, die Schwachstellen in der Produktion oder allgemein im Arbeitsablauf erkannten und dafür eine praktische Lösung parat hatten. Wurde die Neuerung umgesetzt, erhielt der Urheber eine Prämie, errechnet am Nutzen der Neuerung im ersten Jahr. Maximal konnten dabei 30.000 Mark zusammen kommen. Was mit spontanen Vorschlägen begann, verselbständigte sich später zu eigenständigen Planvorgaben für die Anzahl umzusetzender Neuerungen. So konnte es auch passieren, dass im Ergebnis unvorteilhafte Neuerervorschläge umgesetzt wurden.

31

Was war eine „Eingabe"?

RICHTIGE ANTWORT: **B**

Die Eingabe stellte für die Bürger der DDR eines der ganz wenigen individuellen Rechte dar. In der Verfassung verankert garantierte sie das Recht, sich offiziell bei den staatlichen Organen, Betrieben und Medien zu beschweren und Hinweise zu geben. Meist ging es um Alltagsprobleme der Versorgung, oft aber auch um grundsätzliche Fragen. Es bestand Anspruch auf eine Antwort binnen vier Wochen. Anspruch auf eine gründliche Auseinandersetzung mit der Eingabe oder auf eine Lösung gab es allerdings nicht. Die Antworten konnten freundlich oder schroff, konstruktiv oder nichtssagend sein, ähnlich die Konsequenzen in der Sache.

32

Worauf freuten sich Kinder am 1. Juni?

RICHTIGE ANTWORT: D

Am 1. Juni freuten sich alle Schulkinder in der DDR auf die Schule, denn da gab es etwas zu feiern. Nämlich den „Kampftag für die glückliche und friedliche Zukunft aller Kinder" – so die ursprüngliche Zweckbestimmung bei Einführung in der Sowjet-Union. In der DDR gab es ihn ab 1950. Was martialisch klingt, war ein landesweites Kinderfest mit Spielprogrammen, Umzügen und kleinen Festlichkeiten. Der „Internationale Tag des Kindes", kurz Kindertag, war also entsprechend beliebt, die Kinder erhielten sogar kleine Geschenke von den Eltern. Die Bundesrepublik kannte ab 1954 den Weltkindertag, er fand allerdings bei Kindern kaum Beachtung.

33

Was war kennzeichnend für das Babyjahr

RICHTIGE ANTWORT: B

Die umgangssprachlich unter „Babyjahr" zusammengefasste sozialpolitische Regelung bot eine Fülle von Vorteilen für die meist berufstätigen Mütter. Bezahlte Freistellung von der Arbeit bis zum ersten Geburtstag des Kindes, gesetzlich garantierte Rückkehr an den Arbeitsplatz und Anspruch auf einen Platz in Krippe oder Hort. Das entwickelte sich ab 1976 in Etappen, ab 1986 galt es auch für das erste Kind. Von da an galt auch die Regel, dass Väter und Großeltern die Freistellung ebenfalls erhalten konnten. Für Westdeutschland hätte die Antwort A zugetroffen. Ein solches Babyjahr wurde 1986 eingeführt, außerdem ein Erziehungsgeld.

34

Was steckt hinter der Abkürzung „PKZ"?

RICHTIGE ANTWORT: D

Die PKZ – Personenkennziffer – begleitete alle in der DDR, die Bürger wie auch offiziell dort lebende Ausländer. Und ab dem Stichjahr 1970 galt sie für jedes DDR-Kind ab der Geburt. Dahinter steckte nichts anderes als eine Verwaltungsvereinfachung für den zentralistisch organisierten Staat. Sozialversicherung, Impfnachweis, Wehrdienst- oder Rentnerausweis, Personalausweis und Reisepass und auch der Antrag zur Ausreise aus der DDR waren mit dieser zwölfstelligen Zahl versehen, gesammelt im „Zentralen Büro für Personenangelegenheiten". Eine solche Datensammlung fand natürlich auch die Stasi praktisch – und umgekehrt: Nach der politischen Wende erleichterte es das Auffinden der persönlichen Stasiakte sehr, wenn die Betreffenden die PKZ noch parat hatten.

35

Was steckt hinter dem Kürzel „EVP"

RICHTIGE ANTWORT: A

Diese drei Buchstaben standen auf jeder Packung, auf jedem Produkt irgendwo, und die dazugehörigen Preisangaben hatten ihre Gültigkeit. Den Endverbraucherpreis (auch Endverkaufspreis) hatte der herstellende Betrieb festgelegt, natürlich nach Absprache mit der staatlichen Wirtschaftsplanung, hier dem Amt für Preise. Preiserhöhungen waren in der DDR vom System her ausgeschlossen, daher konnte sich die Kundschaft auf ihren EVP verlassen. Der Hersteller musste damit leben. Steigende Kosten ließen sich nur über eine Weiterentwicklung zu einem neuen Produkt (manchmal war die Neuerung kaum erkennbar ...), eine Mengenreduzierung oder Verwendung minderwertiger Materialien auffangen.

36

Welcher Einrichtung wurde in der DDR am 8. Februar gedacht?

RICHTIGE ANTWORT: **D**

So verhasst das Ministerium für Staatssicherheit (MfS) der DDR auch war, im Verständnis des Staates und besonders bei der eigenen Belegschaft stand seine Arbeit natürlich in hohem Ansehen. Deshalb war einer der zahlreichen Gedenktage im Jahreskalender auch dem MfS gewidmet. Als Nachrichtendienst und Geheimpolizei organisierte das in Hauptabteilungen aufgegliederte Ministerium die völlige Überwachung der Bevölkerung bis hinein ins Privatleben. Gleichzeitig war es für die Auslandsspionage zuständig, was auch gewalttätige Operationen auf westlichem Territorium einschloss. Zuletzt arbeiteten rund 91.000 Hauptamtliche für die Stasi, die Zahl der inoffiziellen Mitarbeiter als Spitzel in der Bevölkerung wird zu diesem Zeitpunkt auf zwischen 110.000 und 189.000 geschätzt.

Die anderen oben aufgeführten Gedenktage gab es aber ebenfalls: Tag der Nationalen Volksarmee am 1.3., Gedenken an die Gründung der KPD am 30.12. und Tag der Zivilverteidigung am 11. 2.

37

Was war „Griletta"?

RICHTIGE ANTWORT: **D**

Durchaus erfolgreich waren die Marktstrategen des „Rationalisierungs- und Forschungszentrums Gaststätten" in Berlin bei dem Versuch, für den irgendwie zu westlich klingenden Begriff „Hamburger" einen griffigen Ersatznamen zu finden. „Griletta" hieß ab 1982 nicht nur das Produkt, sondern auch gleich das ganze Schnellrestaurant. Den Anfang machte 1982 das Griletta-Restaurant am Berliner Alexanderplatz. Wie beim amerikanischen Vorbild steckte das gegrillte Schweinefleisch zwischen zwei Brötchenhälften, Eier, Zwiebeln, Salz und Pfeffer waren die Zutaten. Und Mangelware Ketchup – sie wurde häufig ersetzt durch die süß-saure Gewürzmischung Chutney. Auch bei Parties zu Hause bewährten sich die Griletten.

38

Wie nannte die offizielle DDR in den ersten zwei Jahrzehnten Jeanshosen?

RICHTIGE ANTWORT: **B**

Das deutsche Wort für den englischsprachigen Begriff der Jeanshosen war schon ein Zugeständnis an die Wirklichkeit seitens der SED. Ab den fünfziger Jahren bis Mitte der Siebziger agierte die Partei hart gegen die westliche Mode, sah die Jeans als böses „Exportprodukt des Imperialismus" und akzeptierte sie nicht im öffentlichen Leben, etwa in der Schule oder beim Jugendverband FDJ.

Erst 1974 setzte die Produktion von Jeans in der DDR ein, die allerdings die Qualität ihrer verfemten Vorbilder nicht erreichten. Sie hießen Wisent, Goldfuchs und Boxer. Alternativen? Die Exquisit-Läden boten Westjeans zu stark überhöhten Preisen an, in Polen und der Tschechoslowakei gab es sie auch oder bei der Westverwandtschaft. Auf alle Fälle durften Jeans nun Jeans heißen.

39

Wie viele Kilometer umfassten die Grenzanlagen der DDR gegenüber westlichen Gebieten?

RICHTIGE ANTWORT: **C**

Die Zahl kommt zustande, wenn man den Verlauf der „Staatsgrenze West" (so die offizielle Bezeichnung) zu den westdeutschen Gebieten und die Strecken rund um Westberlin zusammenzählt. Die Anlagen in Berlin umfassen 161 Kilometer, die innerdeutsche Grenze 1378 Kilometer. Ab 1954 befestigte die DDR die Demarkationslinie und errichtete dabei Stacheldrahtzaun, einen zehn Meter breiten Kontrollstreifen, einen 500 Meter breiten Schutzstreifen

und eine fünf Kilometer tiefe Sperrzone. Die Grenzanlagen waren ausdrücklich auf Grenzverletzungen von der Binnenseite ausgerichtet, obwohl sie offiziell dem Schutz vor Faschisten aus dem Westen dienten. Von 1961 bis 1983 lagen Minen im Kontrollstreifen, von 1979 bis 1983 auch Selbstschussanlagen. Nach jüngeren Untersuchungen starben an der innerdeutschen Grenze 327 Menschen (in Berlin nach dem Mauerbau: 140).
(Quelle: Freie Universität Berlin)

40

Welche war eine von der DDR offiziell eingeführte Zweitwährung zum Erwerb von Westwaren?

RICHTIGE ANTWORT: **D**

Es gab die Forumschecks als Papiergeld im Wert von 50 Pfennigen bis hundert Mark für den Einkauf im Intershop, wo Westwaren gegen Westgeld angeboten wurden. Forumschecks wurden auch als Wechselgeld herausgegeben. Ihren Namen haben sie vom für die Ausgabe verantwortlichen Forum Außenhandelsgesellschaft m.b.H. DDR-Bürger bekamen sie gegen den Eintausch von DM oder anderen Westdevisen bei den Filialen der Staatsbank der DDR. Mit Einführung 1979 war es den DDR-Bürgern verboten, Westdevisen im Original zu besitzen. Die DDR wollte damit die heimlich existierende Zweitwährung DM begrenzen und die privat vorhandenen Bestände in den Intershop-Umsatz einfließen lassen. Mit Devisen im Intershop durften nur ausländische Staatsbürger unter Vorzeigen ihres Reisepasses einkaufen. Wer 1990, kurz vor dem Ende der DDR, noch Forumschecks besaß, konnte sie zum Nominalwert gegen DM zurücktauschen.

41

Was wurde jährlich am 8. März in der DDR gefeiert?

RICHTIGE ANTWORT: **A**

Der Internationale Frauentag hatte einen hohen Stellenwert in der DDR, stand er doch symbolisch für die in der Verfassung weitgehend festgelegte Gleichberechtigung von Mann und Frau. In den Betrieben war der 8. März ein gern begangener Feiertag mit festen Ritualen, etwa dass die Männer die Frauen bei Kaffee und Kuchen bedienten. Der hohe Prozentsatz berufstätiger Frauen (rund 80 Prozent Mitte der 1980er Jahre) stand immer für eine weit entwickelte Gleichberechtigung, bei der Repräsentanz von Frauen in Führungspositionen oder bei der Aufteilung der Haushaltsarbeit in den Familien sah es dagegen anders aus. Der Internationale Frauentag geht zurück auf eine Initiative der sozialistischen Frauenbewegung und wurde als Symbol der angestrebten Gleichstellung von Mann und Frau erstmals am 8. März 1911 gefeiert.

AUTO UND VERKEHR

01

Wie viele Exemplare aus der Jahresproduktion 1973 des Wartburg 353 wurden an die Bevölkerung der DDR ausgeliefert?

RICHTIGE ANTWORT: **C**

Im hier verwendeten Beispieljahr 1973 belief sich die Jahresproduktion des VEB Automobilwerk Eisenach auf rund 48.000 Einheiten. An die Bevölkerung der DDR unmittelbar gingen demnach 8527 Fahrzeuge; dazu kamen 6800 über den Geschenkdienst Genex (im Westen bezahlt, im Osten ausgeliefert). Knapp 30.000 Wartburg 353 wurden exportiert, davon 6800 in westliche Länder. So genannte gesellschaftliche Bedarfsträger (Parteien, Organisationen, staatliche Institutionen) sowie Sonderbedarfsträger (Nationale Volksarmee, Ministerium des Inneren, Ministerium für Staatssicherheit) bekamen rund 3300 Einheiten.

1988 betrug die Gesamtzahl 74.000 Autos. Mit Ausnahme des rückläufigen Westexports (nur noch rund 2000 Exemplare) dürften sich die Anteile kaum geändert haben.

(Quelle: Michael Stück/Werner Reiche, 100 Jahre Automobilbau in Eisenach)

02

Welches nicht umgesetzte technische Detail am Motor des Wartburg 353 steht für mangelnde Flexibilität der DDR-Planwirtschaft?

RICHTIGE ANTWORT: **C**

Das Tanken eines Autos mit Zweitaktmotor ist relativ umständlich, falls die Tankstellen nicht eine fertige Mischung vorhalten. In der DDR gab es sie, in Exportländern aber fast gar nicht. Der westdeutsche „Zweitaktbruder" DKW hatte deshalb schon 1961 seine „Frischölautomatik" eingeführt. Sie befreite den Eigner davon, Öl und Benzin nacheinander einfüllen und auf diese Weise vermischen zu müssen. Das Wartburg-Werk folgte diesem Vorbild nicht, wohl aber der belgische Wartburg-Importeur Pierreux. Ab 1984 bot er serienmäßig den „Smeerautomaat Oleomatic" an, um seine schrumpfende Kundschaft bei der Stange zu halten. Zuletzt verkauften sich noch rund 500 Wartburg in Belgien.

03

Was kostete der Wartburg 1.3 mit Viertaktmotor bei seiner Einführung 1988?

RICHTIGE ANTWORT: **B**

Zwar wurde der Wartburg mit Viertaktmotor in der letzten ruhigen Phase vor der politischen Wende vom Publikum positiv aufgenommen, am Preis entzündete sich aber damals schon verhaltene Kritik. Gegenüber dem nicht mehr angebotenen Wartburg 353 mit dem schon lange nicht mehr zeitgemäßen Zweitaktmotor ergab sich eine Preiserhöhung von rund 50 Prozent. Die SED begründete das mit dem sozialistischen Prinzip, mit hohen Erlösen aus Konsumgütern die niedrigen Preise des Grundbedarfs zu finanzieren. Zur Wahrheit gehört aber auch, dass die Umstellung auf den Viertaktmotor aus einer Lizenz von Volkswagen viel kostspieliger ausfiel als geplant, so dass ein nur moderat angehobener Verkaufspreis den Aufwand nicht egalisiert hätte. Nach der Währungsumstellung kostete das Auto rund 15.000 DM und verursachte damit einen Fehlbetrag von 6000 DM.* Im April1991 wurde die Produktion eingestellt.

(* Quelle: Auskunft eines leitenden Mitarbeiters des Werkes im Jahr 1990)

04

Welche Automarke aus der DDR hat die politische Wende überlebt und existiert noch heute?

RICHTIGE ANTWORT: **D**

Schon zu DDR-Zeiten erwies sich der Geräteträger und Transporter Multicar als weltmarktfähig, was sich auch gleich in der hohen Exportquote von 70 Prozent niederschlug. Viele Multicar gingen auch nach Frankreich, in die Schweiz und in die Bundesrepublik, wobei der DDR-Bezug oft verschwiegen wurde. So hießen sie in der Schweiz „OMA-Multicar", in Frankreich „Multicar MAM" und in der Bundesrepublik „Linnhoff". Kompakte Ausmaße, moderne Kabine, vielseitige Aufbauten und der Einsatz leichter Anbaugeräte erbrachten ein großes Einsatzspektrum. Mit überarbeitetem Antrieb und neuer Innenausstattung kam das Multicar nach 1990 auch auf westlichen Märkten gut an. 1998 übernahm der mittelständische Maschinenbaubetrieb Hako aus Bad Oldesloe das Werk im thüringischen Waltershausen.

05

Wie viele Autos der Marke Trabant (P 50/P 60/600 sowie als 601 und 1.1) wurden in den 33 Jahren (1958 – 1991) produziert?

RICHTIGE ANTWORT: **C**

Obwohl der Trabant als eine Art Volksauto den größten Beitrag zur Motorisierung der DDR-Bevölkerung geleistet hatte, kam er nie auf die an sich notwendigen Stückzahlen, um den Bedarf zu decken und die langen Wartezeiten abzubauen. Immerhin gelang eine permanente Steigerung der Jahresproduktion, den höchsten Wert brachte das Jahr 1989 mit 145.600 Einheiten. Die Gesamtzahl landete bei 3.096.089, (P 50: 131.440, P 60/600: 106.628, P 601: 2.818.547, 1.1: 39.474).

06

Was verstand man in der DDR unter Geisterbahnhöfen?

RICHTIGE ANTWORT: **D**

Der Betrieb von U-Bahn und S-Bahn in Ost- und Westberlin lief nach dem Bau der Mauer 1961 bis zu deren Fall 1989 in getrennten Netzen. Allerdings führten zwei U-Bahnlinien und eine S-Bahn mit Start und Ziel im Westteil durch Ostberliner Gebiet. Die dortigen Bahnhöfe waren hermetisch abgeschlossen und machten bei der langsamen Durchfahrt der Züge einen gespenstischen Eindruck, insbesondere, weil sie im halbdunkel von bewaffneten Grenzsoldaten „gesichert" wurden. Die Zugänge an der Oberfläche waren vermauert.

07

Was war das Besondere an der Pioniereisenbahn Wuhlheide?

RICHTIGE ANTWORT: **B**

Die berühmte Pioniereisenbahn in der Wuhlheide (Stadtteil Oberschöneweide) verfügt über sechs Bahnhöfe, einer davon ist der Hauptbahnhof. Die ganze Strecke mit 600 mm Spurbreite über 7,5 Kilometer durch den Park ist eingleisig, auch im Hauptbahnhof. In der DDR gab es 16 solcher Pioniereisenbahnen nach sowjetischem Vorbild, von denen 13 noch existieren. Kinder und Jugendliche sind hier eingesetzt bei der Betreuung von Fahrgästen und Zügen und üben so berufliche Praxis (die Lokführer sind allerdings volljährig).

08

Warum wechselte das Automobilwerk Eisenach nach 1950 die Farbe von Blau auf Rot im Emblem?

RICHTIGE ANTWORT: **D**

Im Jahr 1928 hatte BMW die Fahrzeugfabrik Eisenach („Dixiwerke") aufgekauft und ließ dort nun eigene Produkte fertigen. Kriegsbedingt schwer beschädigt, übernahm 1945 die Sowjetische Militäradministration in Deutschland die Fertigungsstätte, die damit für die Münchner verloren war. Allerdings lief die Produktion der Typen BMW 327 und BMW 340 weiter, die später als EMW 327 und EMW 340 (Eisenacher

Motorenwerke) verkauft wurden. Die Geschäftsführung von BMW setzte sich im Jahre 1950 vor Gericht mit dem Anspruch durch, allein das legendäre blau-weiße Markenzeichen mit dem Rautenmuster der bayerischen Flagge als Logo verwenden zu dürfen. Der Wechsel auf Rot war für den jetzt verstaatlichten sozialistischen Eisenacher Betrieb aus politischen Gründen naheliegend.

09

Warum hieß die Staatsbahn der DDR bis zum Schluss „Deutsche Reichsbahn"?

RICHTIGE ANTWORT: **D**

Zwischen Kriegsende 1945 und der Gründung der beiden deutschen Staaten 1949 hatte die Deutsche Reichsbahn (DR) den Eisenbahnbetrieb aufrechterhalten, auch in ganz Berlin. Aus dieser Zeit stammt die Erlaubnis der drei Westmächte USA, Großbritannien und Frankreich zum Eisenbahnbetrieb durch die DR auch im Westteil der Stadt. Das behielt Gültigkeit nach Gründung der DDR. Die Gleisanlagen in Westberlin wurden Staatsgebiet der DDR, das weder die Westalliierten noch die Westberliner Polizei betreten durften. Unter anderem wirkte sich das aus, als 1980 die Transportpolizei der DDR einen Streik der Westberliner Eisenbahner in Reichsbahndiensten niederschlug.

10

Welche Alternative hatten Rollstuhlfahrer und andere stark Gehbehinderte in der DDR neben dem dreirädrigen Krankenfahrstuhl Duo?

RICHTIGE ANTWORT: **D**

Ab 1981 baute der VEB Sachsenring den Trabant 601 V (Versehrtenfahrzeug) auf Basis des Kombi Universal. Kernpunkt war neben der Ausrüstung mit automatischer Kupplung Hycomat der Bedienhebel unter dem Armaturenbrett, ähnlich wie ein Krückstockschalthebel. Geregelt wurde damit die Beschleunigung über einen Handgriff wie beim Motorrad und der Bremsvorgang. Dafür war der Hebel nach vorn zu drücken. Außerdem schuf die nach hinten klappbare Rücksitzbank Platz für den zusammengefalteten Rollstuhl. Der Einstieg erfolgte auf der rechten Seite, die Tür hatte deshalb im Gegensatz zur Großserie ein eigenes Schloss. Der Nutzer zog sich vom Rollstuhl auf den Beifahrersitz, faltete den Rollstuhl zusammen und rutschte dann auf den Fahrerplatz. Von dort aus klappte er den Beifahrersitz nach vorn und zog den Rollstuhl in die freie Fläche hinter dem Fahrersitz. Die Kaufberechtigten erhielten sogar einen Zuschuss von der Sozialversicherung. Rund 5000 Exemplare dieses ungewöhnlichen Trabant wurden in gut zehn Jahren ausgeliefert.
(Quelle: oktan 79, 1/22)

11

Welcher dieser vier Vogelnamen passt nicht zur Modellhistorie des VEB Fahrzeug- und Jagdwaffenwerks Simson?

RICHTIGE ANTWORT: **A**

Das Motorradwerk mit großer Tradition im thüringischen Suhl hatte ein Hang zu Vogelnamen für seine Motorroller, einen Adler gab es allerdings nicht (Adler-Motorräder stellte dagegen die gleichnamige Fabrik in Frankfurt am Main her). Der bis heute sehr präsente und somit wohl berühmteste Vogel aus Suhl war die Schwalbe. Gebaut von 1964 bis 1986, wurde sie zum Kultroller noch in der DDR und vor allem danach. Legendär zu seiner Zeit war auch der leistungsstarke Sperber (1966 – 1972), heute ein begehrter Oldtimer. Den Spatz gab es von 1964 bis 1970, den Habicht von 1972 – 1975.

12

Was ist ein Camptourist?

RICHTIGE ANTWORT: **B**

Die Idee war genial und traf haargenau die Bedürfnisse der DDR-Bürger. Deshalb hat es der Camptourist des VEB Fahrzeugwerk Olbernhau zu großer Berühmtheit gebracht. Ein Zeltanhänger, nur 300 Kilogramm (ungebremst) schwer, niedrige Höhe auf der Fahrt und mit einer Grundfläche von maximal rund 20 Quadratmetern einschließlich Vorzelt und Hauptzelt auf dem Campingplatz (Beispiel CT6-2 in den achtziger Jahren). Wagenboden und der Deckel des Anhängers wurden auseinandergeklappt und bildeten eine Liegefläche für vier Personen. Das bespannte Zeltgestänge wurde einfach aus dem Anhänger herausgehoben. Zeltanhänger gab es auch in anderen Ländern, in der DDR waren sie aber der Hit. Das lag wohl auch daran, dass er als einzige Alternative zum kleinen Wohnwagen Qek „trabanttauglich" war.

13

Wie viele Kilometer umfasste die längste zusammenhängende Straßenverbindung in der DDR?

RICHTIGE ANTWORT: **B**

Die längste zusammenhängende Straßenverbindung auf dem Gebiet der DDR war die Fernverkehrsstraße 96, heute Bundesstraße 96. Sie führt über 520 Kilometer in Nord-Süd-Richtung von Sassnitz an der Ostsee über Stralsund, Neustrelitz, Glienicke, Berlin, Brandenburg und Bautzen bis nach Zittau in Sachsen. Sie berührt landschaftlich sehr reizvolle Gebiete in großer Vielfalt und wurde deshalb auch gern als „Traumstraße der DDR" bezeichnet, vielleicht in Anspielung an die berühmte „Traumstraße der Welt", die Route 66 in den USA.

Die Straßenverbindung ist allerdings schon im Jahre 1932 als Reichsstraße 96 in ähnlichem Verlauf eingerichtet worden. Eine Besonderheit kam allerdings in der DDR-Zeit hinzu: Nach dem Bau der Mauer 1961 stand die Streckenführung durch Westberlin nicht mehr zur Verfügung. Deshalb wurde am nördlichen Stadtrand von Berlin eine neue Verbindung geschaffen.

14

Welche Fluggesellschaft in der DDR wurde 1955 gegründet?

RICHTIGE ANTWORT: **C**

Die Geschichte der Luftfahrt in der DDR begann am 28. April 1955 – mit der Deutschen Lufthansa GmbH. Die ersten Linienflüge folgten 1956. Zu dieser Zeit existierte in der Bundesrepublik bereits die Lufthansa AG, die die Namensrechte der liquidierten früheren Lufthansa erworben hatte. Das war den Verantwortlichen in der DDR natürlich bekannt, sie betrieben deshalb mit Blick auf den internationalen Flugverkehr früh eine Umbenennung. Deshalb erfolgte 1958 die Gründung der Interflug als Teilbetrieb der DDR-Lufthansa. Ab 1963 war nur noch Interflug das Luftverkehrsunternehmen, es flog bis 1990.

15

Welche der unten aufgeführten Reisezeiten auf dieser Strecke Berlin – Dresden ist der Bestwert aus der Epoche der Deutschen Reichsbahn der DDR?

RICHTIGE ANTWORT: **C**

Es geht hier um eine der wichtigsten Strecken im Schienennetz der DDR und der früheren Epochen, die Symbolkraft für die Leistungsfähigkeit der Eisenbahn überhaupt. Mit der Einführung des Städteschnellexpress 1976 – die modernisieren Schnellzüge fuhren morgens aus Bezirkshauptstädten nach Berlin und abends zurück – schaffte die DR eine Verbesserung der Reisezeit auf unter zwei Stunden. Kurz zuvor war das in der Nachkriegszeit von den Sowjets demontierte zweite Gleis wieder eingesetzt worden. Unterboten wurde dieser Wert erst um das Jahr 2020. Sowohl 1988 (2 Stunden, 25 Minuten) wie auch im Jahr 2000 (2 Stunden, 18 Minuten) lag er noch darüber. Aktuell sind es 1 Stunde und 47 Minuten.

16

Welches der hier genannten Ziele im westlichen Ausland hat die Deutsche Reichsbahn über eine aus der DDR zugängliche Direktverbindung nicht angeboten?

RICHTIGE ANTWORT: **A**

Zwar fuhr der „Ost-West-Express" von Moskau nach Paris auf den Gleisen der Deutschen Reichsbahn, es handelte sich aber um einen Transitzug ohne Zustiegsmöglichkeit auf den Bahnhöfen in der DDR. Die anderen Destinationen existierten tatsächlich, als „Vindobona" nach Wien, „Neptun" nach Kopenhagen und „Meridian", „Sassnitz-Express" oder „Berlinearen" nach Malmö. DDR-Bürger konnten auf Unterwegsbahnhöfen den von Berlin aus verkehrenden Zügen zusteigen. Für das Ziel im Westen benötigten sie allerdings eine entsprechende Reisegenehmigung. In der Regel wurden lokbespannte Schnellzügen eingesetzt, zum Teil nur Kurswagen. Aus dem Rahmen fielen die Triebzüge Bauart „Hamburg" und VT 175 als „Vindobona".

17

Bis wann gab es Binnenflugverkehrslinien in der DDR?

RICHTIGE ANTWORT: **A**

Kurzstreckenflüge gab es auch in der territorial relativ kleinen DDR, eingeführt 1956. Flughäfen in Berlin, Leipzig, Dresden, Erfurt, Karl-Marx-Stadt (bis 1962) sowie Barth und Heringsdorf (beide Ostsee, in Heringsdorf nur Sommerbetrieb) bildeten ein Netz, das bis in die frühen 1970er Jahre durchaus Zuwachs zu verzeichnen hatte – 1969 wurden mehr als 250.000 Passagiere gezählt. Mit wachsendem Individualverkehr auf den Straßen und besseren Zugverbindungen (Städteschnellexpress) sank die Nachfrage. Der Liniendienst innerhalb der DDR wurde 1981 eingestellt. Eingesetzt wurden die Maschinen Iljuschin Il-14 und Antonow An-2. Die Fluggesellschaft hieß bis 1963 Deutsche Lufthansa, danach Interflug.

18

Wie hoch war der Kilometerpreis für Reisende der Deutschen Reichsbahn?

RICHTIGE ANTWORT: **B**

Die acht Pfennige stimmen, unter dem Strich, allerdings nicht ganz. Konstant garantierte die Verkehrspolitik der SED diesen Preis bis zum Schluss, sah allerdings für Verbindungen oberhalb des Nahverkehrs pro Fahrt Zuschläge vor. Sie bewegten sich zwischen 1,50 Mark und acht Mark (Expresszüge). Dennoch war die Eisenbahn ein für die Nutzer preisgünstiges Verkehrsmittel, was von der Politik auch so gewollt war. Die Bahn sollte eine ernsthafte Alternative gegenüber dem motorisierten Individualverkehr bleiben. Das war im Prinzip auch so, allerdings strebten die Bürger der DDR nach dem eigenen Auto, so schwer es auch zu bekommen war – da gab es keinen Unterschied zum Westen. Zum Vergleich: 1990 betrug der Kilometerpreis der Deutschen Bundesbahn 22 Pfennige (das Bruttoeinkommen im Westen war zweieinhalbfach höher). Heute liegt der bei 23 Cent (rund 45 Pfennige).

(Quelle: Angaben zu Preisen West: Pro Bahn e.V.)

KULTUR UND SPORT

01

Was war der „Bitterfelder Weg"?

RICHTIGE ANTWORT: **A**

Hehre Worte gab es genügend, als der „Bitterfelder Weg" auf einer großen Autorenkonferenz im Bitterfelder Kulturpalast 1959 propagiert wurde. Es ging um das Vorhaben, die „Entfremdung zwischen Künstler und Volk", die „Trennung von Kunst und Leben" zu beenden. Man hätte es auch plakativer sagen können: „Künstler in die Produktion". Allerdings gedacht nicht als Strafmaßnahme wie 30 Jahre später beim Schlachtruf in der Wendezeit „Stasi in die Produktion", sondern um den Kunstschaffenden die Bedürfnisse der Arbeiterklasse näher zu bringen. Die Idee, das Bewusstsein Kulturschaffender durch Einsatz in der Produktion erweitern zu wollen, fand keinen Widerhall. Insbesondere prominente Schriftstellerinnen und Schriftsteller (Christa Wolf, Stefan Heym, Peter Hacks) wehrten sich gegen zu große Nähe zur Parteipropaganda. Allerdings setzte quasi als Ersatz eine breite Förderung der Laienkunst ein, unter anderem in Form der „Arbeiterfestspiele" und der Bildung von Kunstzirkeln in Betrieben, die auch von Berufskünstlern unterstützt wurden.

02

Welche Rolle spielten in der Unterhaltungsmusik Titel aus dem Westen?

RICHTIGE ANTWORT: **D**

40:60 lautete die Formel, überall im Land bekannt als „die Quote". Sie galt für den semiprofessionellen Discjockey („Schallplattenunterhalter") und Unterhaltungsmusiker ebenso wie für den Programmdirektor des staatlichen Rundfunks. Der größere Anteil der Titel war für Produktionen aus der DDR oder den sozialistischen „Bruderstaaten" reserviert. Das kollidierte oft mit den Erwartungen des Publikums vor allem bei Veranstaltungen vor Ort und ließ sich selbstverständlich auch nicht immer exakt überprüfen. Bei der Zulassung und Einstufung (fünf Honorarstufen von der Grundstufe bis zur Sonderstufe mit Konzertberechtigung) von Musikern und Discjockeys bildete die Quote aber eine feste Grundlage und Voraussetzung.

03

Was bezeichnet „Eine Überstunde gute Laune"?

RICHTIGE ANTWORT: **C**

Die beiden Komiker Rolf Herricht (1927 – 1981) und Hans-Joachim Preil (1923 – 1999) waren echte Stars im Unterhaltungsprogramm des DDR-Fernsehens. Die Gags in ihrem Rollenspiel kamen beim Publikum groß an: Hier der allwissende und superkluge Durchblicker Preil und dort der naive, ständig nachfragende Herricht, der aber dann die hohlen Phrasen seines Gegenübers entzauberte. Politik blieb weitgehend außen vor, aber Anspielungen auf den komplizierten Alltag leistete sich das Duo durchaus. Fünf Schallplatten mit den Sketchen sind noch in der DDR erschienen, darunter auch 1988 „Eine Überstunde gute Laune". Anschließend kamen noch vier CDs und 2004 eine DVD auf den Markt.

04

Wie viele Ausgaben der beliebten Fernsehshow „Ein Kessel Buntes" unter der Regie des DDR-Fernsehens hat es gegeben?

RICHTIGE ANTWORT: **B**

Das ist die richtige Antwort, weil sich die Frage auf die beliebte Unterhaltungssendung „Ein Kessel Buntes" unter der Regie des Fernsehfunks der DDR bezieht. Wenn es um die Gesamtzahl gehen würde, müsste man A nehmen, denn 13 Folgen gab es noch nach der Wende bei der ARD, die letzte am 19. Dezember 1992. „Ein Kessel Buntes" gehörte zu den Produktionen des DDR-Fernsehens, die auch vor notorischen „Westguckern" in der DDR Gnade fanden, vielleicht auch, weil sie bei der Auswahl ihrer Stargäste immer international ausgerichtet war. Erstausstrahlung war am 29. Januar 1972, die 100. Sendung am 23.9. 1989. In der Regel fand das Ereignis im Palast der Republik in Berlin statt, vor dessen Bau im Friedrichstadtpalast, aber auch in einigen Bezirkshauptstädten.

05

Wie versuchte die SED zu verhindern, Westfernsehen in Farbe zu empfangen?

RICHTIGE ANTWORT: **B**

Als 1969 das Farbfernsehen in der DDR eingeführt wurde, hatte der Hersteller RFT (VEB Kombinat Rundfunk und Fernsehen) in Staßfurt das französische Farbübertragungssystem Secam anzuwenden. Somit blieben die Bilder des Westfernsehens zunächst schwarz-weiß. Wie jeder Mangel rief die große Nachfrage findige Tüftler auf den Plan. Es entstanden Decoder zum Einbau in die Geräte, konstruiert aus überwiegend in der DDR erhältlichen Bauteilen. 1977 war das schöne Zusatzgeschäft auf privater Ebene zu Ende, als nämlich RFT selbst einen Umrüstsatz anbot.

06

Wie endete das erste offizielle Fußballländerspiel zwischen der DDR und der BRD?

RICHTIGE ANTWORT: **A**

Die Antwort vermag selbst den kundigen Fußballfreund verblüffen, ist doch das WM-Gruppenspiel von 1974, das die DDR in der Bundesrepublik mit 1:0 gewann (Torschütze Jürgen Sparwasser), allgemein in lebhafter Erinnerung. Das erste offizielle Länderspiel beider Verbände gab es aber schon bei den olympischen Spielen in München 1972. Die DDR gewann vor 80.000 Zuschauern im Olympiastadion mit 3:2. Medial ging das Ereignis unter dem frischen Eindruck des palästinensischen Terroranschlags zwei Tage zuvor allerdings fast unter. Die DDR holte am Ende eine Bronzemedaille. Die Tore für die DDR schossen Jürgen Pommerenke, Joachim Streich und Eberhard „Matz" Vogel, für die westdeutsche Nationalmannschaft trafen Ulli Hoeneß und Ottmar Hitzfeld.

Im Westen hat der Fußball bei Olympia immer nur wenig Beachtung gefunden wegen der Chancenungleichheit zwischen den westlichen und östlichen Auswahlmannschaften. Der olympischen Ideale wegen durften keine westlichen Profis teilnehmen, während der Osten seine Spieler, die ebenfalls vom Fußball lebten, als Amateure einstufte. 1972 war das insofern schon gelockert, als im Westen einzelne Jungprofis mitmachen durften.

07

Wie viele Goldmedaillen errang die DDR bei olympischen Spielen?

RICHTIGE ANTWORT: **D**

Teilnahmen an sechs Sommerspielen (Tokio 1964, Mexiko 1968, München 1972, Montreal 1976, Moskau 1980 und Seoul 1988) und sieben Winterspielen (Innsbruck 1964, Grenoble 1968, Sapporo 1972, Innsbruck 1976, Lake Placid 1980, Sarajevo 1984 und Calgary 1988) mit eigener Mannschaft erbrachten dem DDR-Sport 153 Goldmedaillen, 409 Medaillen insgesamt. Das ist gemessen an der Bevölkerung eine überproportional hohe Zahl. 1984 setzte die DDR bei den Sommerspielen in Los Angeles wegen des Olympiaboykotts aus, ebenso wie die bundesdeutsche Mannschaft beim Boykott der Spiele in Moskau 1980. Zum Vergleich deren Bilanz im selben Zeitraum: 67 Goldmedaillen, insgesamt 253 Medaillen.

Grundlage des Erfolgs der DDR bildeten einerseits ein effektives Nachwuchssichtungssystem und seinerzeit moderne Trainingsmethoden. Andererseits gab es systematisches Doping, auch bei Kindern und Jugendlichen. Das führte in vielen Fällen zu gesundheitlichen Dauerschäden, man geht auch von verkürzten Lebenszeiten aus. Im Zuge der Aufarbeitung dieses Themas nach dem Ende der DDR erhielten 1633 Sportlerinnen und Sportler aufgrund höchstrichterlichen Entscheidungen eine staatliche Anerkennung als Opfer des Zwangsdopings in der DDR. (Quelle: Daten zum Doping: spiegel.de)

08

Wie hieß die erste Folge der Krimireihe „Polizeiruf 110" des Deutschen Fernsehfunks der DDR?

RICHTIGE ANTWORT: **C**

Ein gutes halbes Jahr, nachdem die ARD in der Bundesrepublik die Kriminalfilmserie „Tatort" ins Leben gerufen hatte, folgte der Deutsche Fernsehfunk (DFF) der DDR mit dem Polizeiruf 110 – exakt am 27.6. 1971 mit „Der Fall Lisa Murnau". Er bildete den Auftakt zu 153 Folgen beim DFF und nach 1993 bisher 243 weiteren – die Serie wird seitdem von der ARD alternierend mit dem „Tatort" am Sonntagabend fortgesetzt. Prägende Figur im „Polizeiruf 110" war viele Jahre lang der Schauspieler Peter Borgelt (1927 - 1994) als Hauptmann oder Major Fuchs. In der Rückschau gilt die sehr beliebte Krimireihe als relativ offen in der Themenwahl, aber immer auch vom pädagogischen Zeigefinger der sozialistischen Moral geprägt. In der letzten Folge „Thanners neuer Chef" aus dem Jahr 1990 wird der Übergang in das neue Gesellschaftssystem thematisiert.

Der Krimi „Taxi nach Leipzig" war der erste „Tatort", ausgestrahlt am 29.11. 1970.

09

Wie heißt die Heimstatt des Karl May Museums in Radebeul?

RICHTIGE ANTWORT: **B**

An den bis heute viel beachteten Autor von Abenteuerromanen und Reisebeschreibungen erinnert das nach ihm benannte Karl May Museum in Radebeul bei Dresden mit einer seiner Kunstfiguren: Das Museum befindet sich in der „Villa Shatterhand". Old Shatterhand bestritt seine bekannten Abenteuer im amerikanischen „Wilden Westen" des 19. Jahrhunderts. Karl May (1842 – 1912) war es wichtig, seinem Helden – auch als Kara ben Nemsi für die Orientabenteuer – als Leitlinie den christlich orientierten Wunsch nach Versöhnung mitzugeben. Die Bücher von Karl May haben es zu einer Gesamtauflage von (geschätzt) 200 Millionen geschafft. Die in der Ich-Form geschriebenen Geschichten hatte der Autor gar nicht selbst erlebt, dies aber behauptet. Das wurde ihm seinerzeit in Teilen der Öffentlichkeit verübelt.

Neben dem Museum in Radebeul existiert in Hohenstein-Ernstthal in Karl Mays Geburtshaus ein weiteres Museum. Die Villa in Radebeul war Karl Mays letzter Wohnort.

10

Mit welcher Figur aus dem Wilden Westen wurde der Schauspieler Gojko Mitić in der DDR bekannt?

RICHTIGE ANTWORT: **C**

Der aus Jugoslawien stammende Schauspieler (Jahrgang 1940) ist als „Chefindianer der DDR" berühmt geworden. Er kam mit Talent, Aussehen und körperlicher Fitness genau richtig zu den seinerzeit umfangreichen Dreharbeiten von Indianer- und Wildwestfilmen in seinem Heimatland. Die Deutsche Film AG (DEFA), zuständig für die Filmproduktionen in der DDR, gewann ihn für den Film „Die Söhne der großen Bärin" aus dem Jahr 1966, wo er den Häuptling Tokei-ihto überzeugend spielte. Von da an blieb er der Rolle treu, und sie haftete ihm an, ähnlich wie dem westlichen Pendant Pierre Brice als Winnetou in den Karl May-Filmen aus derselben Zeit. Nach der politischen Wende spielte Gojko Mitić bei den Karl May-Festspielen in Bad Segeberg jahrelang den Indianerhäuptling Winnetou.

11

Welchen Inhalt bietet das Panorama-Museum in Bad Frankenhausen?

RICHTIGE ANTWORT: **A**

Die Antwort ist richtig, bedarf aber einer Erläuterung. Geplant und konzipiert war das Panoramamuseum für ein Kolossalgemälde zur Darstellung der Bauernkriege im 16. Jahrhundert als Gedenkstätte für diese frühe Form einer Revolution. Der damit beauftragte Maler Werner Tübke (1929 – 2004) machte sich allerdings unbemerkt von den staatlichen Zensoren von dem inhaltlichen Auftrag frei und schuf eine allgemeine Anklage an die Menschheit, die nicht anders kann, als immer wieder in Kriege zu verfallen. Das Panoramabild in dem Rundbau ist 124 Meter lang und 14 Meter hoch und beeindruckt mit einer Vielzahl aufrüttelnder Einzelszenen, die zum eindrucksvollen Gesamtwerk zusammenfinden.

12

Was steckt hinter dem Begriff „Lipsi"?

RICHTIGE ANTWORT: **B**

Die Antwort „Tanzstil" ist die richtige. Mit dem Lipsi wollte die Kulturpolitik der SED einen Gegenpol setzen zu Twist, Rock'n'Roll und Boogie Woogie aus dem Westen, Tänze, die in der DDR bei der Jugend immer populärer wurden. René Dubianski hatte für den 1959 vorgestellten Tanz die Musik komponiert, das Tanzlehrerpaar Christa und Helmut Seifert die Schritte einwickelt. Da alle aus Leipzig stammten, lag der Name Lipsi (lateinisch Lipsia für Leipzig) nahe. Tänze aus dem Westen galten offiziell als dekadent, hemmungslos und geschmacklos, ganz im Gegensatz zum Lipsi. Einerseits zeigte sich der neue Tanz traditionell mit Walzerelementen im Sechsvierteltakt, andererseits modern, weil auch „auseinander getanzt" werden durfte, wie es bei den aktuellen Westtänzen der Fall war. Es nutze alles nichts, Lipsi setzte sich nicht durch, weder beim älteren Publikum noch bei der Jugend, die den verordneten Tanz sogar strikt ablehnte.

POLITIK UND GESELLSCHAFT

01

Für welches Vergehen wurde Erich Mielke 1993 zu einer Gefängnisstrafe verurteilt?

RICHTIGE ANTWORT: C

Erich Mielke (1907 – 2000) leitete von 1957 bis 1989 das Ministerium für Staatssicherheit. In dieser Zeit wuchs es von 14.000 hauptamtlichen Mitarbeitern auf 91.000 und wurde zu einem umfassenden Überwachungs- und Unterdrückungsapparat. Auch in diesem Zusammenhang wurde Mielke angeklagt – noch in der DDR vor den freien Wahlen –, ebenso später wegen seiner Verantwortung für den Schießbefehl an der DDR-Grenze. Zu einer Verurteilung zu sechs Jahren Haft kam es jedoch in der „Sache am Bülowplatz", dem Mord an zwei Polizisten am 9. August 1931. Von 1993 bis 1995 saß Mielke zwei Drittel (einschließlich Untersuchungshaft) der Strafe ab, ehe er auf Bewährung entlassen wurde.

02

Aus welchem Anlass wurde beim Ehepaar Honecker eine Hausdurchsuchung durchgeführt?

RICHTIGE ANTWORT: D

Erich Honecker (1912 – 1994) war von 1971 bis 1989 Erster Sekretär, später Generalsekretär des Zentralkomitees (ZK) der Sozialistischen Einheitspartei Deutschlands (SED), außerdem von 1976 bis 1989 Vorsitzender des Staatsrats der DDR und somit der mit allen Machtbefugnissen ausgestattete Politiker in der DDR. Nach seiner Entmachtung durch das Politbüro (17.10.1989) und das Zentralkomitee (18.10.1989) eröffnete die Generalstaatsanwaltschaft der DDR ein Ermittlungsverfahren gegen Erich Honecker wegen des Verdachts, seine Funktion als Vorsitzender des Staatsrats der DDR missbraucht zu haben, in dem er ungerechtfertigte umfangreiche Privilegien für Mitglieder der ehemaligen Staats- und Parteiführung geschaffen habe. Außerdem unterstellte man ihm, seine Funktion als Generalsekretär des ZK der SED zum Vermögensvorteil für sich und andere genutzt zu haben. Die Hausdurchsuchung fand Anfang Dezember 1989 statt, erbrachte aber kein belastendes Material. (Quelle: Pötzl, Norbert F. Erich Honecker – Eine deutsche Biographie)

03

Womit zwang Erich Honecker seinen Vorgänger Walter Ulbricht endgültig zum Rücktritt vom Amt des Ersten Sekretärs der SED?

RICHTIGE ANTWORT: C

Lange hatte Erich Honecker, zu dieser Zeit Mitglied des Zentralkomitees der SED, daran gearbeitet, Walter Ulbricht abzusetzen und seinen Platz einzunehmen. Das ging nur mit Zustimmung Moskaus, wo man Ulbrichts Bemühungen um eine Annäherung an die BRD ablehnte und Honecker protegierte. In der letzten Oktoberwoche 1971 erreichte Honecker grünes Licht bei Breschnew und zwang Ulbricht, damals 78 Jahre alt, in einer Unterredung unmittelbar danach zum Rücktritt als Erster Sekretär der SED, was dieser einen Tag später, am 27.Oktober, vor dem Politbüro erklärte. Honecker wurde sein Nachfolger. Staatsratsvorsitzender blieb Ulbricht bis zu seinem Tod 1973, die eigentliche Macht hatte er aber verloren. Und was wurde aus der Annäherung an die Bundesrepublik? Sie besorgte umgehend Erich Honecker. (Quelle: Pötzl, Norbert F. Erich Honecker – Eine deutsche Biographie)

04

Was machte Politbüromitglied Günter Schabowski beruflich nach dem Ende der DDR?

RICHTIGE ANTWORT: B

Politbüromitglied Günter Schabowski (1929 – 2015)

wurde unfreiwillig berühmt durch seine Pressekonferenz am 9. November 1989, als er ungeschickt und eher nebenbei die Weltsensation der soeben beschlossenen Reisefreiheit für DDR-Bürger mitteilte („... das tritt meines Wissens unverzüglich in Kraft ..."). Damit sorgte er für eine vorzeitige Öffnung der Berliner Mauer. In den Wendewochen fiel er als gesprächsbereiter Repräsentant der SED-Spitze auf, stand aber nach dem Ende der DDR ohne Beschäftigung da. Daher nahm er 1992 das Angebot eines Verlegers aus Hessen an, für dessen Anzeigenblatt *Heimat-Nachrichten* in Rotenburg an der Fulda die Redaktionsleitung zu übernehmen. 1999 schied er dort wieder aus.

05

Wann wurde die letzte Folge der DDR-Fernsehsendung „Der schwarze Kanal" ausgestrahlt?

RICHTIGE ANTWORT: **D**

Die Kritik in der DDR an der Sendung „Der schwarze Kanal" und seinem Urheber, dem Moderator und überzeugtem Kommunisten Karl Eduard von Schnitzler (1918 – 2001), wurde im Wendeherbst bei den Montagsdemonstrationen derart unüberhörbar, dass das staatliche Fernsehen die Sendung nach 1519 Folgen an diesem Tag absetzte. „Der schwarze Kanal" stellte mit Ausschnitten aus dem Westfernsehen extrem einseitige und polemische Schilderungen des Westens zusammen und hatte in der DDR den Ruf einer platten Propaganda-Sendung.

06

Wann trat das Passierscheinabkommen in Kraft, das Westberlinern erlaubte, ihre Verwandten in Ostberlin trotz Mauer zu besuchen?

RICHTIGE ANTWORT: **A**

Nach der höchst angespannten Lage, ausgelöst vom Bau der Berliner Mauer am 13. August 1961, gab es gut zwei Jahre später erste Annäherungsversuche. Der Westberliner Senat und die DDR-Regierung verhandelten über Besuchserleichterungen der Westberliner im Ostteil der Stadt. Das Ergebnis war das erste Passierscheinabkommen, gültig für die Weihnachtstage 1963. Es wurde zu einer Art Vorläufer der späteren als alternative Antworten genannten Abkommen.

07

Welches Ereignis feierte Dresden am 13.2.1985?

RICHTIGE ANTWORT: **C**

Die Sicherung und Restaurierung der im Krieg stark zerstörten und ausgebrannten Semperoper (erbaut 1878, Wiederaufbau ab 1977) fand am 13. Februar 1985 ihren Abschluss, finanziert auch mit Spendengeldern aus dem Westen sowie aus der Dresdner Bevölkerung. SED-Generalsekretär und Staatsratsvorsitzender Erich Honecker nahm die Eröffnung vor, Ehrengast war unter anderen der frühere Bundeskanzler Helmut Schmidt. Der Aufbau der Oper kostete 225 Millionen Mark der DDR und bildete den Schlusspunkt der Rekonstruktion der Dresdener Innenstadt nach dem verheerenden Bombenangriff auf Dresden an jenem Tag vor 40 Jahren.

08

Mit wem war der DDR-Liedermacher Wolf Biermann im Westen auf der Bühne zu erleben, kurz vor dem von der DDR verhängten Auftrittsverbot?

RICHTIGE ANTWORT: **A**

Mit einem viel beachteten Programm traten im Herbst 1965 in Frankfurt/Main der Liedermacher aus der DDR und der Kabarettist der Westberliner Gruppe „Stachelschweine" gemeinsam auf die Bühne. „Wolf Biermann (Ost) zu Gast bei Wolfgang Neuss (West)" beeindruckte mit für Ost und West zutreffenden und auch sich voneinander unterscheidenden Beiträgen. Von Biermann beispielsweise das Antikriegslied „Soldat, Soldat in grauer Norm ..." ebenso wie ein Spott über den Überwachungsstaat DDR („Was verboten ist, das macht uns grade scharf"). Wolf Biermann war zu diesem Zeitpunkt bereits aus der SED ausgeschlossen worden, ab 1965 durfte er nicht mehr auftreten. Aus Anlass des berühmt gewordenen „Kölner Konzertes" 1976 bürgerte die DDR ihn aus und verweigerte ihm die Rückreise.

09

Wie hoch war die Auflage der sowjetischen deutschsprachigen Zeitschrift „Sputnik" in den letzten Wochen der Existenz der DDR?

RICHTIGE ANTWORT: **D**

Die deutschsprachige gesellschaftspolitische Monatszeitschrift aus der UdSSR fand plötzlich Beachtung, als sie von den Umwälzungen durch den KPdSU-Generalsekretär Michail Gorbatschow (Perestroika/Umgestaltung, Glasnost/Offenheit) ausführlich berichtete. Prinzip war wie bei Readers Digest im Westen die Wiedergabe anderswo schon veröffentlichter Beiträge. Die Nachfrage in der DDR stieg rasant, bis Erich Honecker persönlich – verärgert über zwei Artikel in der Novemberausgabe 1988 – den Import stoppte. Genau ein Jahr später, als der Bezug wieder möglich war, wurde die Bezugsmenge von 180.000 auf 300.000 Exemplare erhöht. Vermutlich sind die vielen Hefte in den dramatisch verlaufenen Wochen um die Jahreswende 1989/90 kaum noch beachtet worden ...

10

Was gehörte nicht zur Ausstattung der Waldsiedlung in Wandlitz, dem in sich geschlossenen Wohnort der Mitglieder des Politbüros der DDR?

RICHTIGE ANTWORT: **B**

23 Häuser umfasste die von 650 Sicherheitskräften geschützte Wohnsiedlung. Zwar wirkte die freistehenden, zweigeschossigen Einfamilienhäuser eher bieder als luxuriös, boten aber mit 250 Quadratmetern Wohnfläche sehr viel Platz. Zur Siedlung gehörte unbezahlbarer Luxus: Abgesehen von den unter A, C und D genannten Einrichtungen, gehörten auch ein eigenes Restaurant und ein „Dorfladen" ohne Mangelerscheinungen in den Regalen dazu. Nur ein Fitnessstudio gab es nicht. Heute ist die Waldsiedlung eine Gedenkstätte.

11

Wie und wann wurde der Beschluss des Beitritts der Deutschen Demokratischen Republik zur Bundesrepublik Deutschland vollzogen?

RICHTIGE ANTWORT: **D**

Mit einer Mehrheit von 294 zu 62 Stimmen bei sieben Enthaltungen – 238 Ja-Stimmen hätten für die notwendige Zweidrittelmehrheit genügt – machte die frei gewählte Volkskammer der DDR am 23. August 1990 den Weg frei zum Beitritt der Deutschen Demokratischen Republik zur Bundesrepublik Deutschland. Die freien Wahlen zur Volkskammer hatten am 18. März 1990 stattgefunden. Die Volkskammer alter Prägung (Selbstauflösung zum 5. April 1990) hatte im Prinzip aus von Parteien und Organisationen delegierten Abgeordneten bestanden. Mit der Verabschiedung des Einigungsvertrags am 20. September 1990 in der Volkskammer und im Bundestag war die Deutsche Einheit zum 3. Oktober 1990 endgültig beschlossen.
(Quelle: Deutscher Bundestag)

12

Wie hoch war die Beteiligung an den letzten Wahlen zur Volkskammer der DDR am 18. März 1990?

RICHTIGE ANTWORT: **B**

Wahlbeteiligungen hoch in den neunziger Prozentwerten waren dem DDR-Bürger vertraut von den nicht freien Wahlen zur Volkskammer ab 1950 über insgesamt neun Wahlperioden. Diese Werte wurden teilweise durch starken Druck auf die Wahlberechtigten erreicht. 1990 war die Lage anders: Das starke Interesse an den politischen Vorgängen nach dem Ende der SED-Diktatur und hohe Erwartungen an die Zukunft führten am 18. März zu einem ähnlich hohen Wert, diesmal auf völlig freiwilliger Basis. Er wurde bislang bei keiner der folgenden Bundestagswahlen mehr erreicht.

13

Was verbirgt sich hinter der in der DDR geläufigen Abkürzung „NSW"?

RICHTIGE ANTWORT: **A**

NSW war DDR-Bürgern so geläufig wie EWG (Europäische Wirtschaftsgemeinschaft) den Bundesbürgern. Das Nichtsozialistische Wirtschaftsgebiet war nicht einfach „der Westen" im politischen Sinne, sondern umfasste den Bereich, in dem mit frei konvertierbarer Währung – also Devisen – bezahlt werden musste. Dazu zählten auch afrikanische oder südamerikanische Länder, mit denen die DDR Handel betrieb, falls man sich nicht auf Tauschgeschäfte einigen konnte. Im Volksmund existierte auch eine spöttische Interpretation: Nichtsozialistischer Westen.

14

Warum wurde die Nationalhymne der DDR „Auferstanden aus Ruinen" ab den 70er Jahren nicht mehr gesungen?

RICHTIGE ANTWORT: **B**

Die Idee einer deutschen Einheit hatte zwar zu Beginn der DDR auch zu den erklärten politischen Zielen gehört. Allerdings erbrachten alle Bestrebungen, eine Einheit unter sozialistischen Vorzeichen und unter Wahrung einer politischen Neutralität Deutschlands keine Ergebnisse, vielmehr zog die Politik der BRD eine starke Westintegration vor, ohne vom Ziel einer deutschen Einheit zu lassen. Davon wollte die DDR nichts wissen und verfügte um 1970 stillschweigend, die unverändert gelassene Hymne einfach nicht mehr singen zu lassen. Die Zeile „... lass uns dir zum Guten dienen, einig deutsches Vaterland ..." wurde dann in den Monaten der politischen Wende zu einem geflügelten Wort.

15

Warum boykottierten die meisten westlichen Staaten die olympischen Sommerspiele 1980 in Moskau?

RICHTIGE ANTWORT: **A**

Mit dem Einmarsch der sowjetischen Truppen in Afghanistan im Jahre 1979 begannen dort die Jahrzehnte des Krieges, die bis heute andauern. Die westlichen Staaten waren darüber so empört, dass sich auf politischer Ebene ein Boykott der Olympischen Sommerspiele ein Jahr später in Moskau bei den meisten nationalen Sportverbänden durchsetzte. Nur Dänemark, Großbritannien, Portugal und Spanien fuhren nach Moskau. Als Revanche boykottierten die sozialistischen Staaten vier Jahre später die Spiele in Los Angeles – Rumänien, Jugoslawien und China nahmen trotzdem teil. Anfang 1989 zogen sich die sowjetischen Truppen aus Afghanistan zurück.

16

Wer war der letzte hochrangige ausländische Staatsgast der DDR alter Prägung?

RICHTIGE ANTWORT: **B**

„Hochrangiger Staatsgast" ist in der Fragestellung bewusst gewählt, denn die Definition ist hier gar nicht so einfach. Erst einmal die Fakten: Der französische Präsident Francois Mitterand (Amtszeit 1981 – 1995) reiste am 20. Dezember 1989 nach Ostberlin und wurde dort von DDR-Ministerpräsidenten Hans Modrow mit vollem Protokoll empfangen. Zu diesem Zeitpunkt war Bundeskanzler Helmut Kohl nach seinem denkwürdigen Auftritt in Dresden am Tag zuvor gerade wieder abgereist. Zur Definition: Kohl war der letzte Regierungschef, der die DDR besuchte, kam nach West-Lesart aber nicht aus dem Ausland, sondern aus Deutschland. Und Mitterand war das letzte Staatsoberhaupt auf Besuch in der DDR, genau einen Tag nach Helmut Kohl. Der Besuch des französischen Präsidenten wurde übrigens von der Bundesregierung seinerzeit mit Skepsis aufgenommen, galt er doch als Versuch Frankreichs, die DDR aufzuwerten und so die Wiedervereinigung aufzuhalten.

17

Wie viele Farben benötigten die Streitkräfte der DDR an den Uniformen als Kennzeichnung der verschiedenen Waffengattungen?

RICHTIGE ANTWORT: **D**

So viele Farben kommen zusammen an Unterscheidungen der Uniformen aller Waffengattungen einschließlich der waffenlosen Bausoldaten (Oliv). Vorrangig die Uniformen für den Innendienst und den Ausgang hatten an Schulter, Kragenspiegel und an der Mütze Platz für diese hervorstechenden Merkmale. Hochrot gab es auch, bezeichnenderweise reserviert für Generale (der Landstreitkräfte). Etwas matter in Ziegelrot traten Artillerie, Raketentruppen und die Truppenluftabwehr auf. Die Marine fuhr in Marineblau, die Grenztruppen wachten in Grün und die Militärmusiker trugen Weiß.

18

Was stand hinter der Abkürzung „ESP"?

RICHTIGE ANTWORT: **B**

Mit der „Einführung in die sozialistische Produktion" haben Jungen und Mädchen der Oberschulen ab der Klasse 7 an der Polytechnischen Oberschule einen regelmäßigen und praxisorientierten Einblick in die Arbeitswelt erhalten. ESP umfasste dabei die Theorie zum Thema, die „Produktive Arbeit (PA)" den praktischen Teil. Alle 14 Tage ging es für einen halben Tag in einen Partnerbetrieb, wo man den jungen Gästen Betriebsabläufe zeigte und sie auch Hand anlegen ließ oder gleich in die Produktion einspannte. Letzteres war durchaus auch umstritten, aber in der Regel bedeutete es für die Schüler eine willkommene Abwechselung vom Schulalltag und eine Orientierung für das spätere Berufsleben.

19

Was war ein ZV-Lager?

RICHTIGE ANTWORT: **B**

Der Wehrunterricht in den Schulen, eingeführt 1978 für die neunte und zehnte Klasse der Polytechnischen und der Erweiterten Oberschule, zielte zwar in erster Linie auf die in absehbarer Zeit wehrpflichtigen Jungen, die Mädchen waren aber ebenfalls in die Vorbereitungen auf den Ernstfall einbezogen. Sie hatten einen Lehrgang für Zivilverteidigung zu absolvieren, kurz ZV-Lager genannt. Schauplatz war dabei meist die Schule, während die Jungen in paramilitärische Wehrlager einzogen. Im ZV-Lager ging es um den Einsatz an der Heimatfront wie Erster Hilfe und Evakuierungsmaßnahmen. Die Teilnahme war absolute Pflicht, die Lager dauerten zwölf Tage. Im Mai 1990 schaffte die frei gewählte Volkskammer den Wehrunterricht ab.

20

Welche der vier Auszeichnungen der Nationalen Volksarmee wurde nie vergeben?

RICHTIGE ANTWORT: **A**

Diese militärische Auszeichnung der Nationalen Volksarmee (NVA) war speziell: Reserviert ausdrücklich für „Tapferkeit im Kriege", stand sie in den Variationen Gold, Silber und Bronze zur Verfügung. Preußische Traditionen waren der sozialistischen DDR ja nicht fremd, deshalb fiel wohl die Namenswahl auf den berühmten Generalfeldmarschall von Blücher, der eine führende Rolle im Befreiungskrieg (1813 – 1815) gegen Napoléon Bonaparte gespielt hatte. Allerdings gab es keine Gelegenheit für die Verleihung des Blücher-Ordens, denn die DDR nahm zu keiner Zeit an Kriegshandlungen teil. Aber man war vorbereitet: Unter größter Geheimhaltung hatte der VEB Prägewerk in Markneukirchen im Vogtland, zuständig für alle Orden in der DDR, die Blücher-Orden und auch Blücher-Medaillen vorproduziert.

21

Was war die höchste staatliche Auszeichnung in der DDR?

RICHTIGE ANTWORT: **C**

Ab dem Jahr 1975 gab es den Orden „Held der DDR", ab 1978 war die Verleihung gekoppelt mit dem Karl-Marx-Orden, dem Zweiten in der Rangliste. Helden der DDR wurden Widerstandskämpfer gegen den Faschismus im militärischen Bereich, Soldaten für herausragende Leistungen, Bürger in Unterstützung der bewaffneten Organe und als besondere Ehrung auch ausländische Persönlichkeiten. Der Staatschef der Sowjet-Union Leonid Breschnew erhielt den Orden gleich dreimal. 1978 wurden vier Kosmonauten bedacht, neben drei aus der Sowjet-Union auch Sigmund Jähn (1937 – 2019) aus der DDR.

22

An welchem Ort wohnte das Ehepaar Honecker zuletzt in der DDR?

RICHTIGE ANTWORT: **A**

Als die DDR am 2.10.1990 um Mitternacht erlosch, wohnten Margot und Erich Honecker im sowjetischen Armeehospital Beelitz bei Berlin. Dorthin waren sie am 3. April von den Hofmannstaler Anstalten Lobetal gekommen. Dieser Aufenthalt hat seinen Platz in der Weltgeschichte gefunden. Pfarrer Holmer, Leiter der Heilanstalt für Epileptiker und Suchtkranke, nahm ganz im Sinne christlicher Vergebung die Honeckers in seine Dienstwohnung auf, obwohl er und vor allem seine Kinder unter dem SED-Regime sehr gelitten hatten. Unter anderem durften sie wegen des christlichen Elternhauses keine weiterführenden Schulen besuchen. Um die Honeckers vor Volkszorn zu schützen, hatte die Behörden einen sicheren Wohnplatz gesucht. Der Einzug fand am 30. Januar 1990 statt, ein Tag später wurde der frühere Wohnort, die Waldsiedlung in Wandlitz, aufgelöst. Die letzte Station in der DDR war dann das Armeehospital, wo die Honeckers zum Teil wohnten und als Patienten behandelt wurden. Sie verließen den Ort am 13.3.1991, um per Flugzeug nach Moskau zu reisen.

23

Wer waren Bausoldaten?

RICHTIGE ANTWORT: **B**

Zwar kannte die DDR nicht den in der BRD vorgezeichneten Weg der Kriegsdienstverweigerung mit der Ableistung eines zivilen Ersatzdienstes, hatte aber doch einen Weg in diese Richtung freigegeben: Wer aus ethischen oder religiösen Gründen den Wehrdienst mit der Waffen verweigerte, kam zu den Bausoldaten. Sie waren kaserniert wie alle Soldaten und trugen, eingeteilt in Bauponierbataillone, als Abzeichen einen Spaten auf der Schulterkappe. Eingesetzt wurde sie vornehmlich beim Bau von militärischen Anlagen. Man geht von rund 15.000 jungen Männern aus, die von 1964 bis 1989 einen solchen Dienst abgeleistet haben. In der Regel hatten sie für ihre spätere Ausbildung erhebliche Nachteile zu befürchten.

24

Wer war der letzte Außenminister der DDR?

RICHTIGE ANTWORT: **A**

Das überrascht auf den ersten Blick, denn eigentlich gilt Markus Meckel, der Gründer der SPD in der DDR, als letzter Außenminister. Er übte dieses Amt im Kabinett de Maizière von April bis zum 20. August 1990 aus. Die Regierung von Lothar de Maizière war aus den freien Wahlen zur Volkskammer 1990 hervorgegangen. Trotzdem war Meckel streng genommen nicht der letzte Außenminister der DDR, sondern Lothar de Maizière. Das lag am Zusammenbruch der Koalition in den allerletzten DDR-Tagen. Nach Austritt der SPD aus der Regierung nahm der Ministerpräsident das Amt des Außenministers zusätzlich wahr. Deshalb ist auf dem offiziellen Foto zum Zwei-plus-Vier-Vertrag (Zusicherung der vollen Souveränität des vereinigten Deutschlands durch die Siegermächte von 1945) Markus Meckel nicht zu sehen, obwohl er die Verhandlungen für die DDR geführt hatte.

25

Wie viele Tage blieb die letzte Regierung der DDR im Amt?

RICHTIGE ANTWORT: **C**

Ministerpräsident Lothar de Maizière und sein Kabinett bildeten die letzte Regierung der DDR. Hervorgegangen war sie aus den freien Wahlen zur Volkskammer am 18. März 1990. Am 12. April übergab Hans Modrow, Ministerpräsident seit dem 13. November 1989, seinerzeit von der früheren Volkskammer beauftragt und gewählt, die Amtsgeschäfte an die neue Nummer eins. Die Regierung de Maizière amtierte bis zum 2. Oktober 1990, dem Vorabend vor dem Inkrafttreten der Deutschen Einheit nach Beitritt der DDR in die Bundesrepublik.

26

Wie viele Partnerschaften gab es zwischen Kommunen der DDR und der BRD bis 1989?

RICHTIGE ANTWORT: **A**

Nach dem Startschuss am 25.4.1985 ging es schnell voran mit Partnerschaften zwischen Kommunen in beiden deutschen Staaten. Die Industriestädte Saarlouis – weit im Westen – und Eisenhüttenstadt – ganz im Osten – bauten die erste Brücke, offiziell verkündet von Oskar Lafontaine (Ministerpräsident im Saarland) und Erich Honecker bei dessen Besuch in der Bundesrepublik. Während die DDR zu bremsen und alle Kontakte über die Grenze hinweg einzudämmen versuchte, bekundeten westdeutsche Städte und Gemeinden großes Interesse. Nach Wuppertal – Schwerin und Neukirchen (Hessen) – Lübben (Spreewald) im Jahre 1986 folgten ein Jahr später bereits 14 neue Partnerschaftsverträge, so zwischen Hannover und Leipzig, Mainz und Erfurt oder Trier und Weimar. Als letzte Partnerschaft wurde der Vertrag zwischen Rudolfstadt (Thüringen) und Bayreuth (Bayern) geschlossen. Bis zur politischen Wende blieben die Kontakte DDR-seitig auf den kontrollierten Reisekader beschränkt. Mit der Reisefreiheit in der DDR ab November 1989 lebten viele Partnerschaften dann regelrecht auf.

27

Welche Rolle spielte die Umweltbibliothek?

RICHTIGE ANTWORT: **C**

Gerade weil Probleme beim Umweltschutz in der DDR von Partei und Behörden nicht thematisiert wurden und Diskussionen darüber nicht zugelassen waren, versammelte sich eine kritische Jugend um dieses Thema. Aus einer ab 1986 selbst erstellten Datensammlung erwuchs Kritik und Protest, was sich schon bald auch auf die Thematik der in der DDR offiziell nicht existenten Friedensbewegung niederschlug. So entstand eine Keimzelle der Proteste, die zum gesellschaftlichen Wandel im Herbst 1989 führten. Die Umweltbibliothek hatte ihren Standort in der Zionskirchgemeinde in Berlin und bestand meist aus sonst nicht erhältlicher Westliteratur zu Umwelt, Menschenrechten und Abrüstung sowie eigenen Veröffentlichungen. Die Aktiven konnte sich unter dem schützenden Dach der Kirche entfalten, waren aber vom Staat stark bedrängt. In der Hochphase der

politischen Wende in der DDR bestand Uneinigkeit über den weiteren Weg, so dass der Einfluss der Umweltbibliothek bald nachließ.
(Quelle: www.jugendopposition.de)

28

Wer verbarg sich hinter dem Synonym „Rotkohl"?

RICHTIGE ANTWORT: **D**

Zwei Männer namens Kohl im politischen Bonn regten zu diesem Spitznamen an: Der bekannte bundesdeutsche Politiker aus der „schwarzen" CDU Helmut Kohl (1930 – 2017, Bundeskanzler von 1982 – 1998) und der erste offizielle Repräsentant der DDR in der BRD Michael Kohl (1929 – 1981) aus der „roten" DDR machten aus ihnen „Schwarzkohl" und „Rotkohl". 1974 eröffneten beide deutschen Staaten ihre diplomatischen Vertretungen, Michael Kohl blieb in dieser Mission bis 1978.
Dabei galt die grammatikalisch etwas seltsame Formulierung „... Vertretung bei" der DDR beziehungsweise der Bundesrepublik Deutschland. Sie hatte ihren Grund in der diplomatischen Einstufung. Aus westlicher Sicht konnten es keine Botschaften sein, weil die Bundesrepublik Deutschland die Deutsche Demokratische Republik offiziell nicht anerkannte. Deshalb hatten die Leiter nicht den Rang von Botschaftern und waren nicht wie üblich den Außenministerien unterstellt, sondern den Regierungen unmittelbar. Und deshalb stellten sie keine Vertretungen „in" den jeweiligen Ländern, sondern nur „bei" ihnen dar.

29

Wie viele Menschen siedelten während der deutschen Teilung von West nach Ost?

RICHTIGE ANTWORT: **A**

Wie viele Menschen in der vierzigjährigen Geschichte der DDR ihr Land verlassen haben – als Flüchtlinge, ausgelöste politische Häftlinge, Übersiedler oder Ausgewiesene – ist schon oft dokumentiert worden: Es waren insgesamt rund vier Millionen, davon 600.000 nach dem Mauerbau. Einige gingen den Weg aber auch in umgekehrter Richtung. Sie taten dies aus politischer Überzeugung, aus wirtschaftlicher Not, aus Angst vor Strafverfolgung oder einfach nur, weil sie in ihre Heimat zurückkehren wollten. Vor dem Bau der Mauer im August 1961 waren auch DDR-Flüchtlinge dabei, die im Westen nicht hatten Fuß fassen können. Nach Angaben der Bundeszentrale für politische Bildung entschieden sich 560.000 Menschen für ein Leben in Ostdeutschland. Nach dem Bau der Mauer gab es noch rund 70.000 derartige Übersiedlungen.
Die DDR hatte einerseits ein großes Interesse, der Fluchtbewegung nach Westen Erfolgsmeldungen entgegen stellen zu können, reagierte aber andererseits mit großem Misstrauen auf die Ankömmlinge und unterstellte ihnen geheimdienstliche Absichten. In zeitweise 17 Aufnahmelagern wurden die Betreffenden nach der Ankunft lange verhört und später auch durchgängig überwacht. 40 Prozent der West-Ost-Migranten kehrten im Laufe der Zeit wieder in die Bundesrepublik zurück.
(Quelle: Bundeszentrale für politische Bildung)

Weitere Empfehlungen für Sie

128 Seiten, 168 x 210 mm,
Softcover
ISBN 978-3-96664-300-9
€ 9,99

256 Seiten, 222 x 275 mm,
Hardcover
ISBN 978-3-96664-135-7
€ 14,99

176 Seiten, 240 x 285 mm,
Hardcover
ISBN 978-3-95843-573-5
€ 24,99

176 Seiten, 240 x 285 mm,
Hardcover
ISBN 978-3-95843-758-6
€ 24,99

Unser komplettes Programm finden Sie in jeder Buchhandlung und unter www.heel-verlag.de

HEEL Verlag GmbH | Gut Pottscheidt | 53639 Königswinter